Klaus Wessel
Astrologie und Handschrift

*Standardwerke der Astrologie*

Klaus Wessel

# Astrologie und Handschrift

Wie sich das Geburtsbild im Schriftbild verwirklicht

CHIRON VERLAG

ISBN 978-3-89997-245-0


Umschlag: Judith Hamann, Tübingen
Druck: Finidr, Český Těšin, CZ

Zu beziehen im Buchhandel oder über:
Chiron Verlag, Postfach 1250, D-72002 Tübingen
www.chironverlag.com

# Inhalt

# Einleitung

*Die tiefere Bedeutung von Handschrift liegt vielleicht in ihrer Fähigkeit, mit seismographischer Genauigkeit eine Art Seelen-Abbild zu zeichnen. Schrift kann unter Umständen ein Ort sein, an dem die Lüge abwesend ist. Dies ist ihr Mysterium und unsere künstlerische Chance.*

Tanja Leonhardt

Auch derjenige, der Einleitungen grundsätzlich eher überfliegt oder gar überspringt, sollte hier der Versuchung widerstehen, sich gleich dem ersten der Schrift- und Horoskopbeispiele zuzuwenden. Daher die freundliche Bitte, den nachfolgenden Ausführungen unbedingt Gehör zu schenken.

Zunächst ist zu klären, für wen das Buch geschrieben ist. Hier kann die Antwort knapp ausfallen: Das Buch setzt die Vertrautheit mit den Grundlagen der astrologischen Deutung voraus. Es erfordert keinerlei Kenntnisse der Grafologie. Damit soll nicht gesagt werden, dass der grafologisch Geschulte hier nichts von Belang finden wird. Aber er wird nur dann einen Nutzen vom Buch haben, wenn er sich auf die Astrologie einlässt, d.h. sich an anderer Stelle hinreichend Einblick verschafft.

Die Frage nach dem *Wozu* fällt weniger knapp aus. Zunächst einmal wäre einigen Vorbehalten zu begegnen, die von beiden Seiten, den Astrologen wie den Grafologen, kommen können. Astrologie und Grafologie erscheinen wie zwei Nachbarn, die sich nicht besuchen. Erfahrungsgemäß aber ist die Distanz der Grafologen zur Astrologie deutlich größer als die der Astrologen gegenüber der Grafologie. Ja, es scheint gar so, als sei unter Grafologen jede Berührung mit der Astrologie tabuisiert. Der Hauptgrund ist wohl dieser: Die Astrologie gilt ihnen als eine »esoterische« Disziplin, sie selbst, die Grafologie, aber sieht sich als eine Teildisziplin der Psychologie – und zwar nach Möglichkeit der akademischen Psychologie. Dies erklärt die Berührungsscheu, die der Grafologe der astrologischen Versuchung gegenüber meist an den Tag legt. Dazu kommt möglicherweise der Argwohn, die Astrologie wolle die Grafologie gewissermaßen zu einer Hilfswissenschaft degradieren, ihr am Ende gar noch die eigenen Normen und »Weltanschauungen« aufdrängen. Dem Vorwurf der ungebetenen Inanspruchnahme ist vergleichsweise leicht entgegenzutreten: Jede Disziplin kann für eine andere zur Hilfsdisziplin werden, ohne dadurch an Souveränität einzubüßen. So bedient sich etwa die Geschichtsforschung einer großen Zahl anderer Wissenschaften: u.a. der Heraldik, der Genealogie, selbst der Chemie (z.B. wenn es um Datierungen geht) – und niemand käme hier auf den Gedanken, dies komme einer Entwertung der genannten Disziplinen gleich. Was aber die Übertragung von »Weltanschauungen« angeht, so wäre die Frage zu stellen, ob es überhaupt ein Weltbild gibt, dem sich die Mehrheit der Astrologen verpflichtet weiß. Allzu groß sind hier die Differenzen, wie allein die Tatsache der nach Zielsetzung und Methodik so verschiedenen astrologischen Schulen belegt.

Hinter der genannten Abwehrhaltung aber steht auch das Dilemma, in dem die Grafologie seit Jahren steckt. Denn an diesem Eingeständnis kommt kein Grafologe vorbei: Seine Domäne, nach seinem Verständnis eine Disziplin der Psychologie, steckt seit einigen Jahrzehnten in einer Dauerkrise, in Deutschland wohl stärker noch als in anderen Staaten. Sie wird umso schmerzhafter empfunden, als die akademische Psychologie, welche die Grafologie einst zeitweise nicht ohne Wohlwollen sah, sie aber zu keinem Zeitpunkt wirklich in ihre Arme geschlossen hat, mehr denn je auf Abstand bedacht scheint. Die Zeiten, in denen grafologische Vorlesungen oder Seminare an den Universitäten keine Seltenheit waren, sind, soweit erkennbar, seit Langem vorbei. Vorbei (jedenfalls in Deutschland) wohl auch die Zeiten, in denen der Arbeitgeber nahezu gewohnheitsmäßig einen »handgeschriebenen Lebenslauf« einforderte, der dann umgehend einem Grafologen zwecks Begutachtung vorgelegt wurde.

Der Astrologe kann hier mit ähnlichen Erfahrungen aufwarten. Auch seiner Wissenschaft blieben die Sympathien der etablierten Psychologie verwehrt, sieht man von Einzelfällen ab. Die Versuche mancher Astrologen, mittels Statistik den Wert der eigenen Befunde zu untermauern, fanden meist kaum Gehör. Auch das freundliche Interesse, das kein Geringerer als der Tiefenpsychologe C. G. Jung für die Astrologie bekundete, hat dieser nicht die erhoffte dauerhafte Akzeptanz seitens der wissenschaftlichen Psychologie erbringen können. So gesehen teilen Astrologie wie Grafologie ein gemeinsam zu erduldendes Schicksal.

Aber im Gegensatz zur Grafologie hat sich die Astrologie offenbar in stärkerem Maße behaupten können. Dies beweist die kontinuierlich große Zahl an astrologischen Publikationen. Eine Disziplin, die auf Jahrhunderte, wenn nicht auf Jahrtausende an eigener Geschichte zurückblickt, ist erfahren im Wechselspiel von Zu- und Abneigung und hat dabei auch zu Gelassenheit gefunden. Vor allem hängen Wert und Selbstwertempfinden der Astrologie gewöhnlich nicht ab von der Akzeptanz seitens der akademisch etablierten Psychologie.

Der Befund auf der Gegenseite ist weitaus ungünstiger. Es findet sich seit Jahren wenig an Neuerscheinungen zum Thema Grafologie. Schlimmer noch: Die einst so bekannten und immer wieder aufgelegten Standardlehrwerke sind in der Mehrzahl vergriffen, meist nur noch antiquarisch zu erhalten. Der Name *Ludwig Klages*, der als Begründer der deutschen Grafologie gilt, ist noch vielfach in Erinnerung, die meisten der auf ihn folgenden Grafologen – unter ihnen *Max Pulver*, *Heinrich Pfanne*, *Rudolph Pophal* und *Robert Heiss* – drohen mitsamt ihren Werken langfristig nur noch professionellen Grafologen ein Begriff zu sein.

Dazu kommt, dass heutzutage das Schreiben mit der Hand abseits der Schule dank der Möglichkeiten des Computers oder des Smartphones alles andere als eine selbstverständliche Tätigkeit mehr darstellt. Die E-Mail hat vielfach das persönliche Schreiben ersetzt, wie denn überhaupt die Dominanz des Visuellen den sprachlichen Ausdruck – den mündlichen wie den schriftlichen – zurückgedrängt hat. Man wird jedoch mit Recht einwenden, dass der handschriftliche Ausdruck immer eine der ursprünglichsten der sprachlichen Mitteilungen bleiben wird. Nach wie vor gilt, dass erst die mit der Hand geleistete Unterschrift einem Vertrag die Rechtsgültigkeit gibt (sieht man von den allerdings zunehmenden Rechtsgeschäften im Internet ab). Und solange mit der Hand geschrieben wird, so lange wird das entstandene Schriftbild zur Deutung anregen. Es ist bis auf Weiteres unvorstellbar, dass das Schulkind seine ersten Buchstaben einer Tastatur statt einer Tafel oder einem Schreibheft anvertrauen wird. Vor allem aber weiß jeder, der ein Schreibgerät in die Hand nimmt – paradoxerweise auch der entschiedene Gegner der Grafologie – dass er sich mit dem, was er auf das Blatt Papier vor ihm setzt, in sehr persönlicher Weise äußert. Die Neigung, dem handgeschriebenen Brief auszuweichen und diesem eine E-Mail vorzuziehen, resultiert vermutlich auch aus einer gewissen Scheu vor dem geschriebenen Wort – und dies eben, weil der Betreffende ahnt oder gar fürchtet, damit mehr von sich preiszugeben, als ihm lieb ist. Der Astrologe kennt eine analoge Erfahrung. Die Geburtszeit unterliegt dem Datenschutz, und selbst der notorische Skeptiker zögert meist, sie dem ungeliebten Astrologen mitzuteilen.

Doch die Gründe für die Krise der Grafologie liegen nicht primär oder gar allein im Schwinden der handschriftlichen Selbstmitteilung, aber auch nicht allein in einer übelwollenden oder gar blinden akademisch-etablierten Psychologie. Zunächst ist es eine Tatsache, dass nach Einschätzung der meisten Psychologen die grafologische Urteilsfindung allzu indirekt und undurchsichtig ist. Sie halten die Grafologie für mehr oder weniger »subjektivistisch«, und etliche Studien, die der Grafologie schlechte Zeugnisse ausstellen, sprechen von gänzlich unzureichenden Validitätsergebnissen. Das schlechte Ansehen der Grafologie aber ist zum Teil selbstverschuldet. Jahrzehntelang galt es unter Grafologen als ausgemacht, sie hätten es in der Hand, den »ganzen Menschen« aus dem Schriftbild ableiten zu können. Die Handschrift als unbestechlicher Spiegel des Charakters – an diesem Credo durfte nicht gezweifelt werden. Dabei blieb es mitunter durchaus im Ungewissen, was unter Charakter denn im Einzelnen zu verstehen sei – und terminologische Unbestimmtheiten pflegen sich heutzutage gerade im deutschsprachigen Raum zu rächen. Die Grafologie hielt auch dann noch an einem oft unbestimmten Charakterbild fest, als die Psychologie es stattdessen vorzog, lieber von Persönlichkeitsmerkmalen zu sprechen. Das Problem war aber indessen weniger ein solches der Wortwahl – wobei der Grafologie zugutegehalten werden darf, dass sie das griffigere Wort »Charakter« nicht ohne Not gegen den blasseren Begriff der »Persönlichkeitsmerkmale« austauschen wollte. Das eigentliche Problem war der verhängnisvollerweise mitgelieferte Anspruch, auch das Charakterniveau einer Person bestimmen zu können. Man glaubte sich vielfach auch befähigt, das jeweilige moralische Niveau dem Schriftbild entnehmen zu können. Die Grafologie Roda Wiesers (DER VERBRECHER UND SEINE HANDSCHRIFT, 1952) ging so weit, die kriminelle Veranlagung eines Menschen in geradezu deterministischer Weise aus seiner Handschrift ableiten zu können. Hier konnte der Konflikt mit der Psychologie nicht ausbleiben. Zudem erhob die Grafologie in ihrer Hochzeit Ansprüche, die auch der fähigste Grafologe nicht einlösen konnte. So sollte der Grafologie Zugang zur Gesamtverfassung des individuellen Menschen möglich sein. Weder die verborgenen Regungen und verdeckten Wünsche, noch das moralische und ethische Niveau sollte dem geübten Blick des Grafologen entzogen sein. Hier wurde, etwas salopp gesagt, entschieden zu hoch ausgereizt. Wir geben einen Auszug aus einem Deutungsbeispiel, das sich im GRAFOLOGISCHEN LESEBUCH von Ludwig Klages findet (zusammen mit dem Werk HANDSCHRIFT UND CHARAKTER hat es ein gutes halbes Jahrhundert die Grafologie im deutschsprachigen Raum geprägt):

*»Schreiber ist ein etwas altertümlicher Typ, dessen stark materielle Grundanlagen nach Vergeistigung streben und sich vergeistigt haben. … Der Ehrgeiz … trachtet nach ethischen Werten, das Genussverlangen wird zur ästhetischen Lebensauffassung, der Geschlechtstrieb endlich sucht sich hinter Gemütsregungen zu verbergen und äußert sich in dem Drange für andere zu sorgen und eine Führerrolle zu übernehmen.«* (S. 122)

Dies ist nach Inhalt und Wortwahl ein für die Klages-Schule sehr typischer Text. Der unbefangene Leser eines solchen Gutachtens mag sich fragen, wie denn ein solches Urteil aus einer bloßen Schriftprobe ableitbar sein soll. Derselbe Leser aber, sofern mit der Astrologie gänzlich unvertraut, mag sich ebenso gut fragen, wie denn aus einem rein grafischen Bilde, dem abstrakten Geburtshoroskop, für ihn frappierend weitreichende Aussagen und Prognosen, etwa zu Krankheitsdispositionen gewonnen werden können. Entscheidend aber ist hier, dass gegenwärtige astrologische Charakterbeschreibungen derart weitreichenden Urteilen meist aus dem Wege gehen. Wir scheuen heute vor derart kategorisch vorgetragenen Aussagen zurück.

Doch wir erinnern uns, dass auch die Astrologie früherer Zeiten meinte, zu ähnlich weitgehenden charakterlichen Zu- und Festschreibungen befähigt und berechtigt zu sein. Als einer der ersten trat dem Th. Ring, Verfasser des Buches ASTROLOGISCHE MENSCHENKUNDE, mit seiner »revidierten Astrologie« entgegen, indem er deutlich die Grenzen der astrologischen Aussage benannte. Dazu kamen neue Ausrichtungen, u.a. beeinflusst durch die Humanistische Psychologie, die das oft so Statische der astrologischen Aussage zugunsten einer prozessorientierten Sicht zu überwinden suchte. Zwar ist der alte Streit um das leidige Problem des Determinismus in der Astrologie noch immer nicht überwunden, doch hat er allenfalls einen mittelbaren Einfluss auf die konkrete Deutung. Für den Großteil der astrologischen Schulen gilt wohl, dass sorgsamer als in früheren Zeiten darauf geachtet wird, Zuschreibungen nicht voreilig zu Festschreibungen des jeweiligen Charakters geraten zu lassen.

Offenbar sahen sich beide, Astrologie wie Grafologie, vergleichbaren Versuchungen ausgesetzt. Auch in der Grafologie wurden nach dem Zweiten Weltkrieg die Stimmen deutlicher, die zur Selbstbeschränkung im diagnostischen Urteil aufriefen. Doch auch diejenigen Grafologen, denen die Befunde Roda Wiesers (s.o.) entschieden zu weit gingen, entkamen nicht dem Dilemma der Tatsache, dass ihrem Tun die Anerkennung als erfahrungswissenschaftlich fundierte Methode verwehrt blieb. Bis heute gilt, dass die Versuche einer schriftpsychologischen Validierung grafologischer Persönlichkeitsdiagnostik aus der Sicht der Psychologie kaum je zu befriedigenden Ergebnissen geführt haben. Der Astrologe aber stößt hier schnell auf vertraute Verhaltensmuster. Auch seinem Tun wird immer wieder die »Validität« abgesprochen. Auch er hat erfahren müssen, dass den Versuchen, der Astrologie Akzeptanz auf dem Feld der Wissenschaften zu verschaffen (etwa mit den Methoden der Statistik), wenig Erfolg beschieden war. Wir brauchen dem hier nicht weiter nachzugehen. Diese Probleme der meist vergeblichen (oft genug im Ansatz auch fragwürdigen) Versuche der Legitimierung des eigenen Tuns der etablierten Wissenschaft gegenüber sind jedem Astrologen nur allzu gut bekannt.

Tatsächlich aber scheint es so, als sei die Grafologie in einer noch schwierigeren Lage als die Astrologie. Letztere befindet sich zwar seit Jahrhunderten in einem Zustand dauernder Erklärungsnot, ist aber daran gewachsen und hat sich dem steten Druck gegenüber behaupten können – dies aber auch gerade deswegen, weil sie aufs Ganze dem »Legitimationsdruck« und seinen fragwürdigen Ansprüchen und Zudringlichkeiten hat widerstehen können. Hinzu kam (und kommt weiterhin), dass der Status der Ausgrenzung der Astrologie nicht allein Nachteile gebracht hat, sondern auch Freiheiten, die ihr ein großes Maß an Vielfalt und neuen Impulsen beschert haben. Anders dagegen verlief die Entwicklung der Grafologie: In dem Bemühen um dauerhafte Anerkennung durch die akademische Psychologie setzte sich die analytische Methode zunehmend gegenüber dem synthetischen Blick durch. Als Beispiel sei hier das über lange Jahre vielfach genutzte Werk GRAPHOLOGISCHE DIAGNOSTIK (1961) von Müller/Enskat genannt. Auf rund 300 Seiten wird der Lehrstoff auf fast 250 Kapitel verteilt. Dazu kommen Dutzende von Tabellen und Kurven und sonstigen Diagrammen sowie etwa 30 Deutungstabellen. Erreicht wurde ein bis dahin ungekanntes Maß an Deutungskategorien. In ungemein minutiöser Weise wird in dem Werk versucht, das gesamte Feld des Grafologischen mithilfe von Hunderten und Aberhunderten von Eigenschaftsbegriffen zu erfassen. Dem erfahreneren Astrologen muss nicht eigens erläutert werden, dass hier die Weichen zwangsläufig falsch gestellt worden waren. Das Bemühen um ein Höchstmaß an Akribie und ausgefeilte Begrifflichkeit zielte bei den Autoren darauf, den Beweis für die Verlässlichkeit der grafologischen Diagnose auf dem Wege der maximal differenzierten Analyse zu erbringen. Rückblickend muss gesagt werden, dass dieses Werk, gedacht als dauerhaft gültiges Standardwerk der Grafologie, den selbstgewählten Anspruch gleich in doppelter Weise verfehlen musste. Einmal fand auch dieses so sorgfältig konzipierte Werk nicht den erhofften Zuspruch der etablierten Psychologie. Und dann sollte sich erweisen, dass dieses

Kompendium der Grafologie letztlich der Versuchung der Diagnose auf der Grundlage bloßer Informationsmasse erlegen war. Zwar versichern die Autoren wiederholt, dass am Ende der Sichtung einer Handschrift die deutende Gesamtschau zu stehen habe. Die Aufgabe aber, aus der schier unübersehbaren Masse von Einzelbefunden ein schlüssiges Gesamtbild zu formen, stellt faktisch vor unlösbare Probleme. Und es ist bezeichnend, dass die Autoren Müller und Enskat selbst eingestanden haben sollen, die spontane Deutung einer Schrift bereite ihnen erhebliche Probleme. Zwangsweise stellt sich das zugegeben abgegriffene Bild vom Wald ein, der einem der Überzahl der Bäume wegen abhanden zu kommen droht. Aus dem Blick geraten war – entgegen den Beteuerungen der Autoren – in diesem Buch letztlich das zentrale Thema der Grafologie: die Deutung der Schrift aus der bildlichen Anschauung heraus. Es hat seinen guten Grund, dass wir vom Schriftbild sprechen – wie wir in gleicher Weise vom Geburtsbild sprechen.

Die Parallelen zur Astrologie liegen auf der Hand: Auf beiden Feldern ist der »synthetische« Blick, eben die Gesamtschau gefordert. In beiden Fällen verlocken etliche Einzelelemente zur Deutung. Jeder Astrologe weiß, dass die bloße Aufsummierung der Detailbefunde kein gültiges Bild des jeweiligen Horoskopeigners erbringen wird, ja, dessen Eigenart gar gänzlich verfehlen kann.

Es ist bekanntlich nicht ratsam, denjenigen, für den die Astrologie Neuland bedeutet, schlagartig mit der Fülle der so verschiedenen astrologischen Techniken und Schulen zu konfrontieren. Wie soll ein Anfänger sicheren Boden unter den Füßen gewinnen, wenn ihm gleich zum Auftakt die Verzwicktheiten der Häuserproblematik zugemutet werden? Ähnliches gilt für den Erstzugang zur Grafologie. Auch hier empfiehlt es sich, den Leser nicht gleich mit den unterschiedlichen Schulen zu konfrontieren. Das vorliegende Buch hat folglich einen hinführenden Charakter. Die Beschränkung in thematischer wie in methodischer Hinsicht ergibt sich zwingend aus dem eben Gesagten.

Dennoch empfiehlt es sich, für dieses Buch eine gewisse »Positionierung« zu wählen. An Ludwig Klages kommt kein angehender Grafologe, auch nicht dieses Buch vorbei, wohl auch nicht an seinem umstrittenen Begriff des »Formniveaus«, der wie wohl kein anderer in der Grafologie zur Spaltung der Geister geführt hat. Mit Blick auf den astrologisch Interessierten empfiehlt es sich zudem, die Deutung der Handschrift in ihrer Symbolik nicht außer Acht zu lassen, wie sie der Schweizer Grafologe Max Pulver entwickelt hat – auch wenn manche der Symboldeutungen Pulvers heute als überzogen gelten. Aber vor allem der gerade bei Pulver so wichtige Begriff des »Raumbildes« dürfte gerade dem astrologischen Blick entgegenkommen. Und schließlich soll uns Hans Knobloch Anregung geben. Von ihm wird sich vielleicht eines Tages sagen lassen, dass er es war, welcher der Grafologie den Weg aus der Sackgasse wies, in die sie aus den oben genannten Gründen geraten war.

Knobloch hat im Unterschied zur empirischen Forschung gegen alle Bedenken stets für den hermeneutischen Weg als den für die Grafologie einzig gangbaren plädiert. Für ihn bedeutete dies die Rückkehr zur unmittelbaren Wahrnehmung des Schriftbildes. Er hat das bekannte Wort der Gestaltpsychologie, wonach das Ganze mehr als die Summe seiner Teile ist, zum Leitbild der grafologischen Arbeit erhoben und gerade dadurch zu knappen, aber sicheren Deutungen des individuellen Schriftbildes gelangen können. Knobloch ist vor allem deshalb auch glaubhaft, weil er nicht nur ein exzellenter Kenner der grafologischen Tradition und Literatur war, sondern auch, weil er über einen klaren Blick für die erkenntnistheoretischen Grundlagen der Psychologie im Allgemeinen und der Grafologie im Besonderen verfügte. Für ihn war die Grundlage des grafologischen Urteils *»das Sehen des ganzen Schriftbildes«*. Er war sich wohl darüber im Klaren, dass ein solches Sehen nicht auf dem Wege des Dozierens ausgebildet werden kann. Wiederholt verwies er auf den Begründer der Verhaltenslehre und Kenner der Tiergestalt, Konrad Lorenz. Auch dieser betonte die Unmöglichkeit, Gestaltwahrnehmung im eigentlichen Sinne »lehren« zu können. Knobloch empfiehlt daher als Mittel der Erlangung des grafologischen Sehens die »Vermehrung des schlichten Beobachtens« und führt Konrad an, der sich im Betrachten in der Form der »absichtslosen Präsenz« geübt habe. Auch Freuds »gleichschwebende Aufmerksamkeit« drücke hier das Gemeinte aus. Knobloch lässt Konrad selbst zu Worte kommen: *»Was ein Beobachter an einem Objekt die ersten Male absolut nicht zu sehen vermag, sieht* *er beim zweihundertsten Male dann doch«* (Knobloch, Grafologie, Eine praktische Einführung. S. 13). Dies kann man, je nach Wahl, als Entmutigung oder als Ermutigung sehen. Wenn man akzeptiert, dass auch die Grafologie nicht im Schnelldurchgang mittels eines griffigen Instrumentariums gelernt werden kann, wenn man zudem bereit ist, ein unerlässliches Maß an Geduld aufzubringen und den grafologischen Blick immer wieder neu zu üben, dann hat man die bessere Wahl getroffen und sich entschieden, Konrads Hinweis als Ermutigung zu begreifen.

Nehmen wir zwecks Illustration des Gemeinten diese Schrift, die sich bei C. Gross (Vitalität und Handschrift) findet:

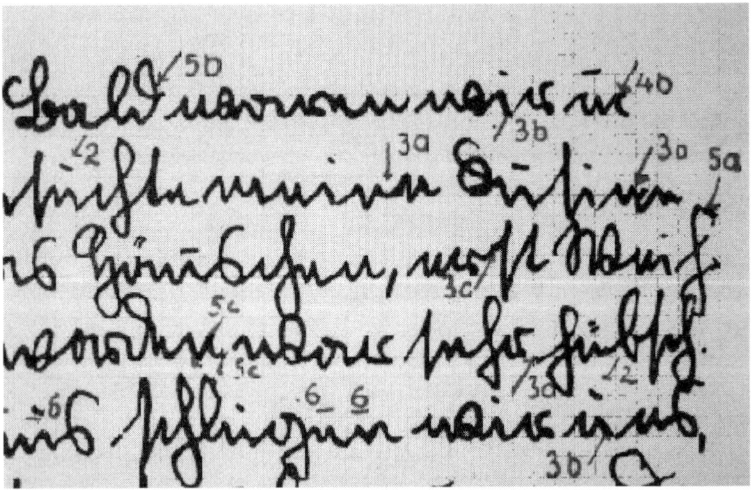


*Abbildung 1: Beispielanalyse*

Die zahlreichen eingestreuten Vermerke (in Form von Ziffern und Buchstaben) verweisen ersichtlich auf Störungen im Schreibablauf. Dabei bedeutet **5b** »Verbiegen und Dellen«, **4b** »Druckverlagerungen und -schwellungen«, **2** »partielle Verkümmerungen der Schrift, insbesondere an Nebenzügen (Oberzeichen ...) und an Unter- bzw. Oberlängen«, **3a** »durch den Schreibakt nicht motivierte

Unterbrechungen bis zur Wortzerstückelung«, **3b** »Unterbrechungen zur Anbringung der Oberzeichen« (z.B. i-Punkt), **5a** »Aussetzen des Strichs«, **3c** »Anflickungen«, **5c** »Unsicherheiten (Tremor)«, **3d** »lange Anstriche«, **6** »unrhythmische Schwankungen«.

Eine derart akkurate Bestandsaufnahme liefert fraglos ein erhebliches Maß an Deutungsmaterial, kein Grafologe wird bei einer sorgsamen Sichtung der Schrift auf diese Einzelbefunde verzichten wollen. Und auch der von Knobloch geforderte »integrierende« Blick wird nicht einfach über diese Einzelelemente hinwegsehen wollen. Doch dem ruhigen und unbefangenen Blick auf das Schriftbild wird sich bei näherer Betrachtung auch ohne akribische Auflistung der angeführten Einzelkomponenten erschließen, dass hier von einem dynamischen Bewegungsbild nicht die Rede sein kann und dass wir es mit einem durchgehend unrhythmischen Bild zu tun haben. Eben dies aber ist der Befund von C. Gross. Auch dem in der grafologischen Terminologie Ungeübten wird der schwere Bewegungsgang gleich im ersten Wort der Schriftprobe kaum entgehen. Ebenso werden ihm die zahlreichen missglückten Formbildungen auffallen.

Das unmittelbare, unverstellte Sehen, das Knobloch auf exemplarische Weise vermittelt, ist also nun nicht etwa so zu verstehen, dass die bekannten grafologischen Merkmale wie Schriftgröße, Druck, Verbundenheitsgrad, Enge, Weite, Rechts- und Linksläufigkeit – um nur einige aus einer langen Kette anzuführen – ihren Wert verlieren würden. Aber der Astrologe weiß eben sehr wohl, dass die bloße zusammenhanglose Aufsummierung der Einzelbefunde kein schlüssiges Gesamtbild ergeben kann. In der Astrologie vermeidet man diesen Irrweg dadurch, dass man das Horoskop als strukturelles und hierarchisch geordnetes Bild begreift (Wo steht der Aszendent? Wo steht der Aszendentenherrscher? Wie fügt sich das Symbol des zentralen Lebensantriebes, die Sonne, hier ein? – usw.).

Die Fülle der grafologischen Merkmale ist eher funktional zu verstehen – eben weil diese, falls isoliert und zusammenhanglos genutzt, im leeren »Schriftraum« stehen. Daher verzichten wir hier auf die gewohnte detaillierte Vorabpräsentation dieser Faktoren. Die wichtigsten dieser Merkmale werden im Fortgang am lebendigen Schriftbild selbst entwickelt und demonstriert – und auch nur insofern, als sie dem von Knobloch geforderten Sehen entgegenkommen. Wenn sich beim Leser dabei der Eindruck einer gewissen Zwanglosigkeit einstellt, so ist diese durchaus beabsichtigt.

Wie bringt man nun Geburtsbild und Schriftbild zusammen? Der Leser mag sich fragen, welche Elemente des Horoskops sich im Schriftbild finden – etwa so: Der Mars steht im Steinbock, dazu noch im Quadrat zu Saturn – also wird dieses bedeutungsschwere Thema auch scharfe Winkel im Schriftbild ergeben. Das mag so sein, aber ein derartiger Abgleich muss zwangsläufig neben Treffern auch Nieten zeitigen. Gehen wir allein in dieser Weise vor, laufen wir Gefahr, gegen alle guten Absichten wieder in die Falle der isoliert aufgerufenen Einzelelemente zu geraten.

Selbstverständlich wird man meist in der Strichführung oder im Raumbild den solaren Antrieb wiederfinden. Und selbstverständlich ist es legitim, das Schriftbild daraufhin zu befragen, inwieweit sich in ihm beispielsweise die Signatur des Merkur findet. Will man aber einen echten Gewinn aus dem jeweiligen Vergleich der Bilder finden, wird man wechselweise unterwegs sein müssen, sich in beide Richtungen bewegen müssen. Vom Horoskop zum Schriftbild, aber vor allem auch vom Schriftbild zum Horoskop.

Man lasse sich zudem nicht vorschnell von einer scheinbar offensichtlichen Diskrepanz von Schriftbild und Horoskop entmutigen. Gerade hier lohnt die eingehende Betrachtung. Welche Schlüsse sind beispielsweise zu ziehen, wenn die Schrift eines im Wassermann Geborenen nur wenig an positiv verstandener Durchkreuzung der Normen dokumentiert? Wenn dieses Schriftbild zudem statt der erwarteten Originalität ein Übermaß an Uniformität aufweist – was im Übrigen keineswegs selten ist, strebt doch der Wassermann letztlich bei aller Individualität die geistige Übereinstimmung mit dem Kollektiv an. Gerade derartige Differenzen erweisen sich als fruchtbar für die Ausdeutung. Gefragt werden kann im Falle erheblicher Unterschiede zwischen Schrift und Horoskop auch, welche Möglichkeiten der Entwicklung in diesem Falle ungenutzt blieben. Man gerät rasch in Sackgassen und zu Trugschlüssen, wenn man versucht, im Schriftbild jedem einzelnen Planeten, womöglich auch noch dessen Aspekten, auf die Spur zu kommen. Doch es lohnt sich in jedem Fall, der Frage nachzugehen, inwieweit der zentrale Lebensantrieb, im Horoskop angezeigt durch den Sonnenstand, im Schriftbild Verwirklichung gefunden hat.

Das individuelle Schriftbild ist gewöhnlich von großer Konstanz. Eine grundlegende Veränderung der Schrift bei Erwachsenen dergestalt, dass man glaubt, zwei gänzlich verschiedene Schriften vor sich zu haben, ist eher selten. Dennoch unterliegt der individuelle Schriftzug sichtbaren Veränderungen. Sie sind oft Folge langjähriger Entwicklungen, nur selten stellen sie sich in spontaner Weise ein. Wenn ja, dann so gut wie immer infolge eines bedeutsamen Ereignisses. Diese Veränderungen gehen oft Hand in Hand mit rhythmischen Auslösungen im Horoskop, mit Direktionen, Progressionen und natürlich auch mit den Transiten der langsamen Planeten. Grundsätzlich sollte jede schriftliche Äußerung zunächst als Dokumentation der gegenwärtigen Situation des Betreffenden gewertet werden. Es versteht sich in diesem Zusammenhang von selbst, dass Schriftstücke, die unter abnormen Bedingungen zustande kamen (z.B. momentane Hektik, Alkoholrausch) für die grafologische Aussage weitgehend wertlos sind. Es ist aber ein verbreiteter Irrtum, nur das sorgsam-konzentriert Geschriebene sei für die Deutung verwertbar. Auch eine flüchtige Notiz lässt weiterreichende grafologische Aussagen zu.

An dieser Stelle noch ein Wort zu Kinderhandschriften und zu den Handschriften Heranwachsender. Diese Handschriften verändern sich naturgemäß fortwährend. Das Schulkind wird in der Regel zunehmend sicherer in der Nachahmung der gültigen Schriftvorlage werden, der Heranwachsende bildet dann die eigene, irgendwann unverwechselbare Schrift aus. Erfolgt dies mit Verzögerung, so ist hierin zumeist ein deutlicher Hinweis auf Retardierungen zu sehen. Kinderhandschriften sind ein Feld für sich. Wir lassen sie in diesem Buch unberücksichtigt. Wer dem gerade auch für Erzieher wichtigen Thema nachgehen möchte, findet Literatur dazu im Anhang.

Zuletzt noch diese Hinweise:

Dass eine große Zahl der hier besprochenen Handschriften von Dichtern und Schriftstellern stammt, liegt weniger an den literarischen Vorlieben des Autors, sondern eher an der Tatsache, dass die Handschriften von prominenten Autoren häufiger den Weg in die Öffentlichkeit finden als andere.

Auch dort, wo der Erkenntnisgewinn beim Vergleich von Handschrift und Horoskop im Einzelfall geringer als erwartet ausfallen mag, bleibt die Erfahrung des Miteinanders von Schriftbild und Geburtsbild im Sinne des kantschen »interesselosen Wohlgefallens« ein Gewinn. Es ist jedenfalls reizvoll, am konkreten Beispiel der Frage nachzugehen, in welcher Weise das manchmal allzu abstrakt scheinende astrologische Bild unvermittelt in konkreter Weise Gestalt annimmt.

Dann: Der Leser wird vernünftigerweise und fairerweise nicht erwarten, am Ende des Buches auf die Schnelle zum Grafologen gereift zu sein. Es kann hier nicht darum gehen, zwanghaft ein Maximum der reichhaltigen Terminologie der grafologischen Fachsprache einzubringen.

Die nachfolgenden Beispiele werden ihren Zweck erfüllt haben, wenn hier oder dort unvermutete Einsichten in ein bis dahin weitgehend unbekanntes Gebiet vermittelt worden sind.

## Perspektiven – Kategorien

Aus dem eingangs Gesagten folgt, dass hier das exemplarische Prinzip Vorrang hat. Das Schriftbild ist der Betrachtung stets vorangestellt, die Horoskopabbildung (sofern gegeben) findet sich im fortlaufenden Text. Es wird unbedingt empfohlen, sich vor der Lektüre der jeweiligen Deutungsbeispiele auf das Schriftbild einzulassen, sich »anmuten« zu lassen, wenn dieser etwas altmodische Ausdruck erlaubt ist. Welchen Eindruck macht das Schriftbild? Sehr hilfreich ist es weiter, den naturgemäß anfangs eher diffusen Eindruck zu versprachlichen, auf einige Kernbegriffe zu bringen. Man halte sich an das rein Grafische, d.h. das Inhaltliche hat ganz in den Hintergrund zu treten. Da meist nur ein Ausschnitt der Schrift gewählt wird, würde die Lektüre ohnehin nur Stückwerk bleiben.

Unter Grafologen ist der folgende Einstiegstipp geläufig: »Könnten Sie sich diese Schrift als Tapetenmuster vorstellen?« Gelegentlich ist es anregend, die Schrift auf den Kopf zu stellen, vereinzelte Charakteristika der Schrift könnten auf diese Weise deutlicher werden. Man scheue sich auch nicht, dem Prinzip der Heuristik zu vertrauen. Diese bezeichnet die Kunst, mit begrenztem Wissen und begrenzter Zeit zu guten Ergebnissen zu gelangen (was nun natürlich nicht so zu verstehen ist, dass man sich für die zu deutende Schrift nicht ausreichend Zeit zu nehmen braucht!).

Wir greifen eine dringende Empfehlung von Ludwig Klages selbst auf. Im Jahr 1920 schreibt dieser in einem Brief (an den Herausgeber der »DEUTSCHEN RUNDSCHAU«), dass seine »Analysen gänzlich ohne Rücksicht auf die vermeintliche Bedeutung oder die Bedeutungsansprüche der Schrifturheber sowie ohne jeden Seitenblick auf deren sonstwie bekannte Tätigkeit nach streng wissenschaftlicher Methode ausschließlich aufgrund des Ausdrucksgehalts der Handschrift abgegeben werden. Es treten dabei oft auch bei geschichtlichen Persönlichkeiten ganz erhebliche Differenzen mit den Bildern zu Tage, die man sich von den Charakteren renommierter Persönlichkeiten üblicher Weise zu machen pflegt«.

Was Klages hier schreibt, dürfte wohl die Zustimmung jedes Grafologen, gleich welcher Schule, finden. Der Astrologe kennt Analoges, er weiß, wie leicht man der Versuchung erliegt, a priori feststehende Meinungen über den Geborenen ungeprüft in die Deutung des Horoskops einfließen zu lassen. Der erste Schritt auf dem Wege zur Deutung von Handschriften ist immer die offene, unbefangene Aufnahme des ersten Schrifteindrucks. Das heißt auch, dass man nicht vorschnell ins Typisieren geraten sollte. Es ist hilfreich, sich regelmäßig den Satz in Erinnerung zu rufen, dass jede Handschrift – so wie das Horoskop – einzigartig und unverwechselbar wie ein Fingerabdruck ist.

Die Schrift bildet die innere Seelenlage des Menschen ab. Sie tut dies deswegen so verlässlich, weil sie psychomotorische, vom Bewusstsein nicht zensierte Vorgänge sichtbar werden lässt. Wir abstrahieren völlig von all dem, das uns möglicherweise von dem Schreiber bekannt ist, gleich, ob es sich um einen persönlich Bekannten oder einen Prominenten handelt. Das heißt auch, dass Affekte negativer oder positiver Art weitgehend zurückgestellt werden. Wir erinnern an die erwähnte »gleichschwebende Aufmerksamkeit«.

Der Eindruck sollte immer zunächst vom Ganzen ausgehen, die Einzelmerkmale haben sich dem unterzuordnen. Es ist bezeichnend, dass namhafte Grafologen, unter ihnen Max Pulver, im phänomenologischen Denken verankert waren. In diesem geht es bei kompromissloser Ausschaltung jeder vorgefassten Meinung und Vorentscheidung um das Ziel, »zu den Sachen selbst« vorzudringen. Allein das Phänomen soll sprechen, jede Form des tradierten Vorwissens hat zu entfallen.

Es wird weiter empfohlen, im nächsten Schritt eine erste Verbalisierung des Eindrucks zu versuchen. Ob man beispielsweise eine Schrift als »kühl« oder als „kalt« empfindet, schafft weniger einen graduellen als vielmehr einen qualitativen Unterschied. Für den zweiten Schritt wird empfohlen, sich an der tradierten, vor allem von Robert Heiss praktizierten Aufteilung in *Bewegungsbild*, *Raumbild* und *Formbild* zu orientieren.

Zum *Bewegungsbild*: Ist die Schrift zügig, sicher, kraftvoll oder kraftlos, stockend, zögerlich oder forsch, »bedenklich« oder »unbekümmert-frisch« etc.?
Zum *Formbild*: Welche Formen entstehen aus der Schreibbewegung – natürliche oder gekünstelte? Geschmackvoll oder geschmacklos bereicherte? Elegante oder vulgär-plumpe? Verschrobene oder ästhetisch stimmige? Schlichte oder aufgeblasene? – Das Formbild gibt vor allem Aufschluss über das individuelle Gestaltungsniveau.
Zum *Raumbild*: Ist die Schrift gegliedert oder ungegliedert, wirkt sie geordnet (ohne steif zu erscheinen)? Ist sie übersichtlich oder chaotisch, weit- oder engmaschig, allzu verdichtet oder »frei« etc.?

Oder anders, zugegeben verknappt ausgedrückt:

Das *Bewegungsbild* erlaubt Aussagen über den emotionalen Antrieb der Person, damit also auch über ihr Temperament.
Die *Formgebung* (entstanden aus der individuellen Weiterentwicklung der Schulvorlage) ermöglicht Hinweise auf die Gestaltungskraft, auch auf das generelle Vermögen zur Anpassung, schließlich auch auf die Originalität des Betreffenden.

Das *Raumbild* schließlich zeigt auf, wie der Betreffende sich in seinen Lebensraum einfügt und wie er mit ihm umgeht.

Die *Strichführung* wird meist dem Bewegungsbild zugordnet, gilt manchen Grafologen aber auch als Hauptkategorie, da sich gerade hier die substantiellen Dimensionen der Persönlichkeit offenbaren (u.a. bei Ploog findet sich diese Erweiterung auf vier Bereiche).

Wir versagen uns hier und im Folgenden bewusst die Auflistung der Einzelelemente, die den genannten drei Formen gemeinhin zugeordnet werden. Die Liste würde lang werden und wohl kaum zur Ermutigung des ohnehin geforderten Lesers beitragen. Vielleicht wird diesem im Zuge seiner ersten Erfahrungen ohnehin einiges unmittelbar bewusst sein: z.B. dass zum Raumbild Zeilenabstand, Wortabstand und Längenunterschied gehören, dass Schreibeile und Schreibdruck zum Bewegungsbild gehören, und dass z.B. dem Formbild im Wesentlichen die Begriffe Formreichtum und Formfestigkeit zugeordnet werden.

Wenn der Leser Probleme haben sollte, diese drei Bereiche eindeutig gegeneinander abzugrenzen, dann spricht dies keinesfalls gegen ihn. Denn Überschneidungen sind hier tatsächlich nicht zu vermeiden. So ist z.B. die Schriftgröße sowohl dem Bewegungsbild wie auch dem Raumbild zuzurechnen. Gehört die Behandlung der Schriftränder zum Thema des Raumbildes oder des Formbildes? Die Überlagerungen sind auch hier evident.

Der schon erwähnte H. Knobloch wählt einen anderen Ansatz und umgeht diese Aufteilung. Er stellt die Frage, welche der folgenden Kategorien in der Schrift in dominanter Weise zur Geltung kommen:

*Lebendigkeit* (stark/schwach) – *Vitalität* (stark/schwach) – *Drang* – *Funktionslust* – *Dysphorie* – *Euphorie* – *Affektivität* (gering bis übersteigert) – *Steuerung* (Untersteuerung – Übersteuerung) – *Repräsentation* (betont – unbetont) – *Identität* – *Manier.*

Knobloch selbst räumt ein, dass es auch hier zu Überschneidungen kommen kann. So ist etwa die Trennschärfe der Begriffe »Affektivität« und »Dranghaftigkeit« nicht immer klar, und manche Schrift ist sowohl der einen wie der anderen Kategorie zuzuordnen.

Meines Erachtens schließen sich die beiden obigen Ansätze keineswegs aus (bzw. die drei obigen, sofern ich mit Ploog die Strichführung zum eigenständigen Bedeutungsfeld mache). Der Leser sollte unbedingt davon absehen, sich hier gleich zu Beginn unnötigen Entscheidungszwängen auszusetzen. Die genannten Kategorien sollten zunächst nur der Anregung dienen, keinesfalls zielen sie hier auf eine vorzeitige Fixierung. Nichts spricht im Übrigen dagegen, dass der Leser sich sein eigenes »System« schafft, und sei es auch nur, um erste Orientierungen zu erlangen.

Zum Schluss der auch durch inflationären Gebrauch nicht entwertete Satz: »Weniger kann mehr sein.«

Ein wichtiger Hinweis zu den Abbildungen. Idealerweise sollten diese im Maßstab 1:1 erscheinen, schließlich ist die Schriftgröße ein wichtiges Deutungskriterium. Dies durchgehend einzuhalten ist aus verschiedenen Gründen nicht möglich, sei es, weil die Schrift selbst nicht im Original vorlag und in der Kopie ohne nähere Kennzeichnung vergrößert oder verkleinert worden war, sei es aus Gründen der »Raumökonomie«. Dort, wo die Schriftgröße eigens thematisiert wird, ist die reale Größe im Text näher bestimmt.

# »Schöne Schrift«?

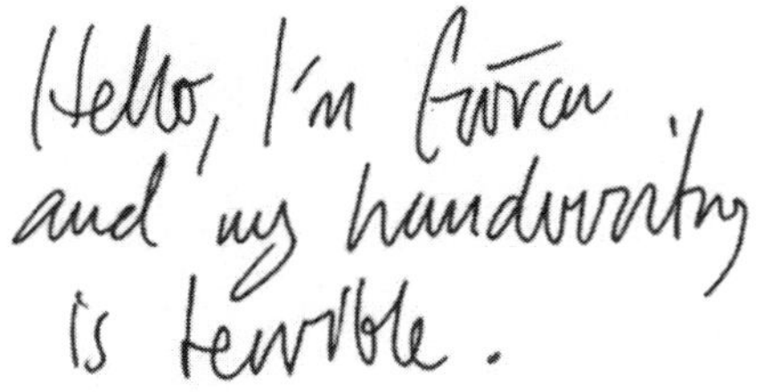


*Abbildung 2: Schriftprobe Goran*

Hat Goran recht, der seiner Handschrift hier ein so schlechtes Zeugnis ausstellt? Man spricht üblicherweise von »schönen« und »schlechten« Handschriften. Das Adjektiv »schön« aber findet sich selten in der grafologischen Literatur. Allenfalls wird eine einzelne Formgebung gelegentlich als schön bezeichnet. Ludwig Klages hat den bis heute umstrittenen Begriff des Formniveaus eingeführt. Wo er verwendet wird, erfolgt meist die Zuordnung der jeweiligen Schrift auf der Werteskala »hohes« – »gutes« – »mittleres« – »schwaches« – »schlechtes« Niveau. Für den einen Grafologen ist diese Skala ein verlässliches Hilfsmittel, anderen widerstrebt das hiermit verbundene Werturteil.

Der Schweizer Grafologe Max Pulver wollte den problematischen Begriff umgehen und sprach stattdessen vom »Wesensgehalt« einer Schrift, aber man wird nicht behaupten können, dass mit dieser Wortprägung besonders klare Konturen gegeben wären. Pulver mied den Begriff des Formniveaus, weil in diesem zu vieles an ästhetischem Werturteil stecke. Stattdessen war bei Pulver die Rede von Originalität, Lebensfülle, Vielgestalt seelischer Erscheinungen und dergleichen. Nun sind dies aber Begriffe, die auch Klages hätte gelten lassen. Man sieht, wie rasch man hier in ein Dilemma gerät, und man begreift, dass auch nach hundert Jahren das letzte Wort über den Begriff des Formniveaus nicht gesprochen worden ist. Auch der Begriff des »Ebenmaßes«, den Klages zwecks Verdeutlichung des »Formniveaus« hinzufügte, hat Widerstände geweckt und Kontroversen ausgelöst.

Wir wollen erst gar nicht versuchen, diese Diskussion hier nachzuvollziehen. Dies nicht etwa, weil sie überflüssig wäre, sondern weil sie den Rahmen des Buches sprengen würde. Stattdessen erinnern wir uns an den wichtigen Grundsatz, dass Urteilen leichter als Verstehen ist und vor allem daran, dass das Letztere dem Ersteren immer vorangehen sollte.

Meines Erachtens kommt (nicht nur) der Anfänger der Eigenart einer Schrift wohl näher, wenn er sich etwa diese Fragen stellt: Wie lebendig wirkt die Schrift? Sehe ich in ihr einen rhythmischen Ablauf oder wirkt sie eher monoton? Welches Maß an Vitalität lässt die Schrift erkennen? Ist die Formgebung natürlich? Oder sind die Formen gekünstelt, hohl, grotesk oder gar ordinär? Ist leere Konvention am Werk? Ist Verkrampfung zu sehen? Ist die Schrift originell, ohne dass Manie, unnötige Bereicherungen oder ein Zuviel an Affektivität mit eingehen? Ist – bei welchem Merkmal auch immer – ein Übermaß erkennbar? (Jedes »Zuviel« ist dem Gesamteindruck abträglich.)

Zurück zu Gorans Schrift: Der Ungeübte neigt hier – wie der Schreiber selbst – dazu, die landläufigen Kriterien der »schönen« Schrift anzuwenden. Damit aber läuft man Gefahr, dass einem die Eigenart der Schrift völlig entgeht. Goran gibt der eigenen Schrift eine schlechte Note. Wir können ihn darüber ein wenig beruhigen. Über die Formbildung lässt sich diskutieren, doch fraglos zeigt die Schrift ein gehöriges Maß an Lebendigkeit und Vitalität. Sie ist dynamisch, auch Impulsivität ist da. Hat sich der noch Ungeübte von den gewohnten Kategorien der »schönen Handschrift« gelöst, dann wird er feststellen, dass die Schrift durchaus einen rhythmischen Ablauf aufweist.

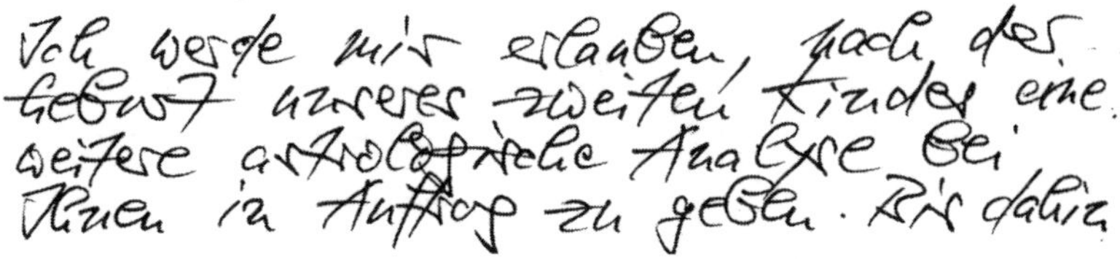


*Abbildung 3: Strichfühung*

Vermutlich wird mancher für die zweite Schriftt Bewunderung zeigen. Sie gehört offenbar zu denen, die »Eindruck machen«. Die Strichführung ist kräftig, wie von einem starken Willen geführt. Es »blitzt« geradezu. Das, was an Impulsivität sichtbar wird, ist in scheinbar ansprechende Formen gebracht. Das Problem hier aber ist, dass es die Schrift ein wenig zu sehr darauf anlegt, einen Effekt zu erzeugen. Der Ungeübte wird überrascht sein, wenn ihm gesagt wird, dass ein grafologisches Gutachten in diesem Fall keineswegs ein durchweg günstiges Bild des Schreibers zeichnen würde. Die Schrift hat etwas Demonstratives, sie verrät einen massiven Ich-Anspruch verbunden mit brüsker Zurückweisung gegenläufiger Ansprüche des Du. Vielleicht fällt dem Betrachter in diesem Zusammenhang die rabiate Schließung der Linienführung im »I« des Ichs auf. Die verstrickende Raumbehandlung (untere Zeilen, Mitte, Verhäkelungen) wirkt bei genauerem Hinsehen nicht nur störend, sie lässt vor allem erkennen, dass die »Gradlinigkeit« des Charakters sich gegen eine keineswegs unkomplizierte Emotionalität behaupten muss, diese vermutlich überdecken will. Der Begriff des Formniveaus ist gewiss problematisch, wie wir gesehen haben. Doch bei allen hier angebrachten Bedenken wird man Klages' Grundsatz zustimmen können, demzufolge alles »Überwertige« in einer Schrift zum Nachteil ausschlägt.

Erfahrungsgemäß verführt das »Originelle« einer Schrift den noch Ungeübten häufig zu einem vorschnellen positiven Urteil. Doch immer wieder zeigt sich, dass gerade die Schrift bedeutender Persönlichkeiten selten spektakulär wirkt. Hier ist ein genaueres Hinsehen erforderlich, soll sich nicht, wiederum vorschnell, der trügerische Eindruck einer »konventionellen« Schrift einstellen.

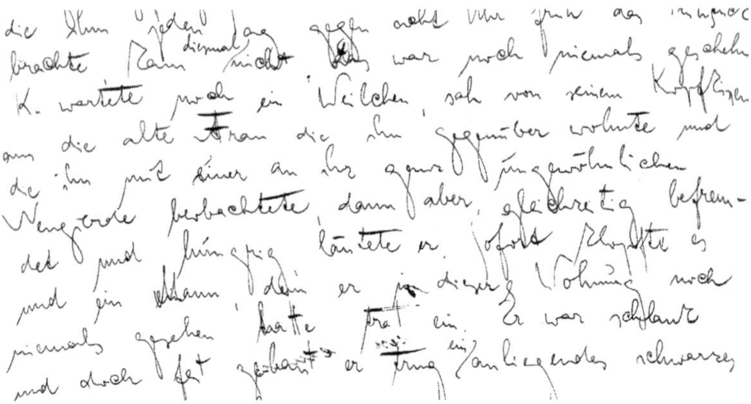

*Abbildung 4: Übungsbeispiel*

Ich schlage dem Leser eine kleine Übung vor. Er möge sich in ganz unbefangener Weise drei bis vier Minuten auf die in Abbildung 4 gezeigte Schrift einlassen. Vielleicht notiert er sich die Eindrücke, die sich spontan oder auch erst nach längerer Sichtung einstellen mögen. Es geht hier nicht um »Richtig« oder »Falsch«, sondern darum, dem subjektiven Empfinden sein Recht zu geben, sich »anmuten« zu lassen. Dann erst sollte der nachfolgende erläuternde Text gelesen werden.
Möglicherweise sind u.a. die markanten t-Striche ins Auge gefallen, vermutlich auch die tief greifenden Unterlängen oder eigenartigen individuellen Formbildungen. Gewiss haben wir es dort mit aussagestarken Merkmalen zu tun, die in einer weitergehenden Deutung Berücksichtigung finden sollten. Doch bevor man sich den Einzelelementen zuwendet, sollte man sich fragen, wie die Schrift als Ganzes in unmittelbarer Weise wirkt. Angenommen, wir erhalten einen persönlich adressierten Brief, der in dieser Schrift verfasst ist – welchen Empfindungen sähen wir uns ausgesetzt?

Vielleicht hat der Leser eine gewisse Befremdung verspürt, gewiss diese Schrift als eigenartig empfunden. Er wird sich vermutlich an einigen seltsamen Formen gestoßen haben. Dann aber wird ihm wohl bewusst geworden sein, dass diese Schrift, so seltsam sie zunächst auch erscheinen mag, lebendig ist, rhythmisch wirkt, alles andere als starr-monoton ist. Was der Leser in etwa vermerkt oder gar notiert haben könnte: weiche, gar sanfte Formen. Formbildungen am Rand zur Auflösung – Eindruck des Zögerlichen – die Schrift ›tastet‹ sich behutsam voran, keineswegs in einem straffen Duktus – gänzliche Abwesenheit von ›Repräsentanz‹ ... – oder Ähnliches.

Möglicherweise hat sich der Eindruck des Schwebenden der Formen eingestellt. Oder der Betrachter sah sich schlicht mit der Rätselhaftigkeit der Formbildung konfrontiert – hat gar das Empfinden des Irrealen, Traumhaften verspüren können. Dann wäre er der Schrift und ihrem Urheber schon sehr nahe gekommen: Franz Kafka (aus dem Manuskript »Der Prozess«), Sonnenzeichen Krebs, ein Zeichen, in dem die Gestaltung lunaren Charakter annehmen kann, mitunter gar in die Welt des Geträumten entführt (siehe z.B. die Bilderwelt des Krebses Marc Chagall).

# Unterschriften

## Konrad Adenauer –<br>die Gelassenheit des Steinbocks

*Abbildung 5: Unterschrift Adenauer*

Erst vor wenigen Jahren wurde die Geburtsurkunde des ersten Kanzlers der Bundesrepublik Deutschland aufgefunden (5.1.1876, Köln, 3:30 Ortszeit). Demnach hatte Adenauer einen Skorpion-AC, nicht wie über Jahrzehnte fälschlicherweise angenommen einen Fische-AC. Und vergegenwärtigt man sich Physiognomie und Gestik des Kanzlers, dann sieht man unschwer einen klaren Skorpioneinfluss am Werke.

Die Unterschrift eines Menschen verrät weit aus mehr, als man zunächst annehmen mag. Denn die Unterschrift ist eine Selbstdokumentation des Schreibers. In der Regel wird sie bewusst gesetzt, stellt sie doch nichts Geringeres als das Leitbild der Persönlichkeit dar. Nicht selten gewinnt die Unterschrift demonstrative Züge, dann vor allem, wenn sie sich deutlich vom sonstigen Schriftbild unterscheidet. Häufig ist die Schrift bei der Unterschrift größer als der dieser vorausgehende Text. Dies ist bei den Unterschriften führender Persönlichkeiten in Politik und Wirtschaft mit Regelmäßigkeit zu beobachten. Es wäre verfrüht, dies gleich als Anzeichen für Stolz oder gar für eine affektive Pose zu werten – es sei denn, die Größen von Unterschrift und begleitendem Text differieren in plakativer Weise. Noch zu Beginn des 20. Jahrhunderts war es nichts Ungewöhnliches, die Unterschrift markant anzureichern. Wenn dies in überreichem Maße geschah, dann war der Verdacht auf einen übertriebenen Geltungsanspruch naheliegend. Lässt sich ein heutiger Prominenter dazu verleiten, die eigene Unterschrift übermäßig anzureichern, wird man meist auf Kompensationszwänge schließen dürfen.

Die Unterschrift schafft dort, wo sie auf Dokumenten erscheint, Rechtsverbindlichkeit. Dies gilt im Großen wie im Kleinen, für die Unterschrift des Lehrers unter der Klassenarbeit ebenso wie für die des Staatsmanns unter einem bedeutenden Vertrag. Wenn hier die Unterschrift gegenüber dem Text an Größe (Druck, Bereicherung ...) zulegt, so ist dies gerade bei diesen Personen als normal zu betrachten.

Adenauers Unterschrift spiegelt die Gelassenheit des Steinbocks. Auf den ersten Blick sieht man ruhige Zielstrebigkeit, auch die sich ihrer selbst bewusste Autorität des Staatsmannes. Dabei wirkt die Schrift fest (man spürt auch den starken Willen des Skorpions), doch nichts erscheint hier erstarrt. Die Unterschrift wirkt rhythmisch, keineswegs abweisend. Dies liegt u.a. an der deutlichen *Rechtsschrägheit*, welche grundsätzlich auf Öffnung nach außen hin, wenn nicht gar als Zuwendung verstanden werden kann.

Auffällig ist die breite Mittelzone (»n« und »a« sind nur geringfügig kleiner als das »d«): ein deutlicher Hinweis auf Ausgewogenheit, Realismus, Sachbezogenheit. Der Schreiber misstraut dem allzu emphatischen Gestus, ebenso wird ein Übermaß an Sturheit vermieden, ohne dass die Schrift an Beharrlichkeit einbüßt. Zwar sind deutliche, gar scharfe Winkel (»A« und »r«) zu finden, doch wirken sie weniger aggressiv als energisch.

An dieser Stelle sei daran erinnert, dass Adenauer (geboren im 19. Jahrhundert) als Schulkind eine andere Schrift erlernte als spätere Generationen (siehe dazu Anhang II). Seine Schulschrift, die »Deutsche Schrift«, wies deutlich mehr scharfe Winkel auf als die heutige Schulschrift, die den Winkeln aus dem Wege geht und dem

»Bogen« wo eben möglich den Vorrang gibt. Auf die Schrift des 19. Jahrhunderts folgte die Deutsche Schrift des 20. Jahrhunderts, die Sütterlinschrift, die 1941 von der lateinischen Normalschrift abgelöst wurde – die allerdings in den 70ern eine Vereinfachung der Formen erfuhr. Es macht also einen Unterschied aus, ob eine Schrift von 1920 reichlich Winkel aufweist oder eine von 1990 – im letzteren Falle ist dieses Faktum deutlich stärker zu berücksichtigen.

Zu den bekanntesten Merkmalen der Grafologie gehören die Bindungsformen der Arkade und der Girlande. Die Arkade »deckt« nach oben ab, sie bewahrt, schafft Distanz, während ihr Gegenbild, die Girlande, Aufgeschlossenheit, Offenheit, wenn nicht gar Vertraulichkeit anschaulich darstellt. Eingangs wurde betont, dass die Deutung vom Gesamteindruck auszugehen habe, sich nicht von den Einzelmerkmalen allein leiten lassen sollte. Dieser Grundsatz soll hier nicht relativiert werden, doch der Hinweis ist erlaubt, dass die Deutung einer Handschrift nie an einer klaren Dominanz einer dieser beiden Bindungsformen vorbeigehen sollte. In Adenauers Unterschrift dominiert die Girlande, sie mindert die Schärfe der Winkel und trägt zur Gefälligkeit des Ganzen bei, ohne den Eindruck der starken Autorität zu mindern, die hier offenkundig zum Ausdruck kommt.

*Abbildung 6: Girlande und Arkade*

Vergleicht man übrigens Adenauers Unterschrift mit sonstigen von ihm zu Papier gebrachten Texten, so fallen einige gravierende Unterschiede auf. Der Eindruck der Schärfe (Winkel) und Magerkeit nimmt in den Texten zu, und die »stechenden« Signaturen des Skorpions treten hier unverhüllter in Erscheinung. Die Schriftlage ist weniger rechtsschräg – der Eindruck der betonten Zuwendung, den die Unterschrift signalisieren soll, ist also deutlich zurückgenommen. Allerdings fallen »positiv« auch exzentrische Momente auf – Anzeichen von Wendigkeit, »strategischer Intelligenz«. Adenauer konnte Anwandlungen von Boshaftigkeit haben, zahlreiche Anekdoten belegen, dass er unvermittelt zustechen konnte. Sein rheinischer Humor konnte zuweilen sarkastische Züge annehmen, auch dies ein echter skorpionischer Zug.

Es lohnt sich immer, den möglichen Differenzen von Text und nachfolgender Unterschrift nachzugehen. Ist die Größe der Unterschrift kleiner als die der Wörter im Text, wird man auf eine klare Zurücknahme des Schreibers schließen dürfen. Dies mag Bescheidenheit signalisieren, kann aber auch bedeuten, dass Servilität oder Ängstlichkeiten eine Rolle spielen. Die geleistete Unterschrift stellt ja einen Akt der Identität da, ein klarer Ausdruck des »Ich«. Verändert die Unterschrift in vergleichsweise kurzer Zeit von Mal zu Mal ihre Form, so kann dies mehrere Gründe haben: Wendigkeit, aber auch ein Übermaß an Anpassung, vielfach auch ein Ausweichen gegenüber der Verantwortung. Häufig ist auf eine fehlende Ichkonstanz zu schließen, die temporär oder auch dauerhaft auftreten kann. Dazu dieser wertvolle Hinweis von Max Pulver (»Symbolik der Handschrift«):

»... sie (die Unterschrift) kann Wesensmerkmale der geistigen Individualstruktur bloßlegen. Sie kann demnach persona sein, das heißt Maske und Mundstück eines anderen, das sich dahinter verbirgt – oder Persönlichkeit im echten Sinne, adäquat ausgedrückter individueller Wesensgehalt.« (Pulver, S. 168)

Man sieht, aus dem Thema Unterschrift ist einiges an Erkenntnis zu gewinnen. Wir geben noch einige weitergehende Hinweise. Sofern der Vorname Teil der Unterschrift ist: Wie ist das Verhältnis der beiden Teile? Überwiegt ein Teil deutlich (etwa nach Druck oder Größe)? Ein Beispiel: Es hat jemand geheiratet und dabei einen neuen Namen angenommen (was dank des gewandelten Namensrechtes heute nicht länger zwingend geboten ist): Wird der neue Name »angenommen«? Wie sicher steht er dort? Wann hat der Schreiber/die Schreiberin zur neuen Namensidentität gefunden? Für den Fall, dass der Name des Ehepartners dem eigenen Zunamen hinzugefügt wird (Doppelname): Entsprechen sich die beiden Teile des erweiterten Nachnamens in harmonischer Weise? Oder dominiert hier der angeborene Name? Sperrt sich der Schreiber also möglicherweise unbewusst gegen die erworbene Neuidentität? Eine solche Differenz der Namensteile wäre also ein sicheres Zeichen für Vorbehalte gegenüber der neuen Rolle. Möglicherweise lassen sich hieraus auch versteckte Vorbehalte gegenüber der Herkunftsfamilie des Partners ableiten.

## Hitler – der Geltungsanspruch

Es folgen drei Unterschriften Hitlers, die erste eine Unterschrift des etwa Siebzehnjährigen, die zweite stammt aus dem Jahr 1943, die dritte ist die des Testamentes vom 29.4.1945, einen Tag vor dem Selbstmord.

*Abbildung 7: Unterschrift Hitler 1906*

Die erste zeigt eine auch für damalige Verhältnisse markante Bereicherung, dazu verunglückte Formen, vor allem das verkleckste Namensende. Man könnte von einer verunglückten Emphase sprechen – eine gewollte Geste, die wohl auch von Selbstzweifeln begleitet ist. Auffällig ist neben der weit ausschwingenden Bereicherung der massiv und extrem lang ausgeführte t-Strich, der den eigenen Namen »ungewollt« durchschneidet, vor allem auch das so großsprecherische H des Zunamens. Die Unterschrift verrät einen zwischen Groß- und Kleinmut schwankenden Heranwachsenden, mal selbstverliebt, mal selbstdestruktiv, mehr sich selbst als der Außenwelt zugewandt, aggressiv hier, verbindlich-liebenswürdig dort – nach all dem, was wir über den jungen Hitler wissen, eine für die damalige Phase des künftigen Diktators typische Befindlichkeit. Unverkennbar ist ein Drang in die ästhetische Gebärde, aber die Bereicherung der Schrift kann nicht überzeugen.

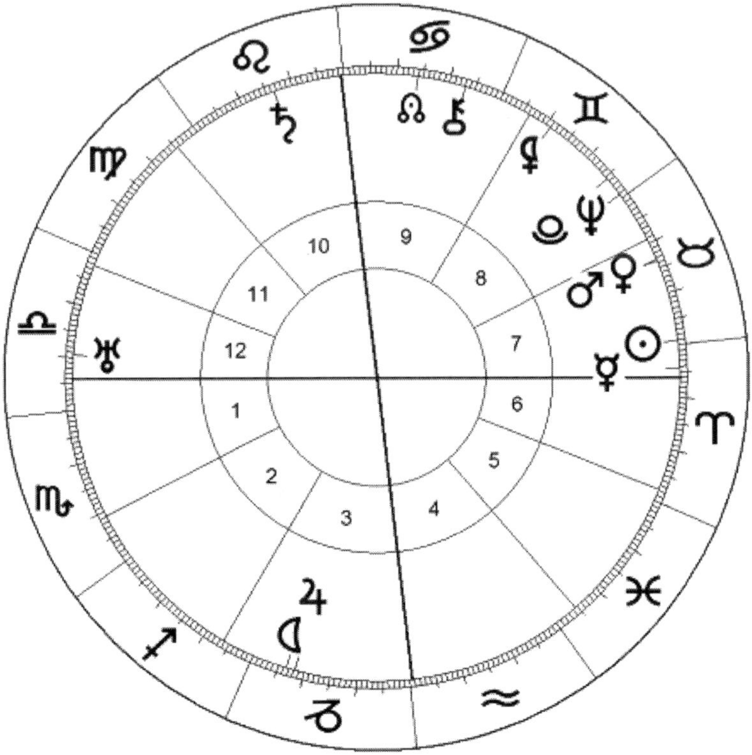


*Abbildung 8: Radix Adolf Hitler, 20.4.1889, 18:15 h LMT, Braunau/Inn*

Wenig später wird Hitler, der sich zum Künstler (Waage-AC!) berufen glaubte, an der Wiener Kunstakademie abgewiesen werden. Der Blick auf das Radixbild Hitlers zeigt, dass dieser im Jahr der obigen Unterschrift im Siebenerrhythmus im Uhrzeigersinn den Löwen durchlief (wo beim Tod der Mutter ca. ein Jahr später der Saturn angetroffen wird). Im gegenläufigen Rhythmus wird die MO/JU-Konjunktion im Schützen ausgelöst. Zeitgleich findet der erste mehrwöchige Aufenthalt Hitlers in Wien statt, den die Mutter finanziert hat. Die Biografen sind sich einig, dass die Begegnung mit der Kultur der Stadt, vor allem mit den Opern des vergötterten Richard Wagner, für den jungen Hitler ein tief wirkendes Schlüsselereignis darstellte und entsprechend den Auslösungen im Grundhoroskop einen mächtigen Schub nie gekannter Emphase hervorrief.

Dem dritten Septar (Frühjahr 1903 bis zum Frühjahr 1910) ist diese in der Biografie so wichtige Zwischenphase mit ihrer Ambivalenz klar eingeschrieben. Sonne und Aszendentenherrscher Venus in den Fischen im zwölften Haus – Flucht oder Verdrängung in eine Hinterwelt, in der sich Vorstellungen und Lebensformen abseits der Wahrnehmung selbst Nahestehender ausbilden können, unbegriffen wie auch ungreifbar, selbst für die eigene Mutter, an der Hitler sehr gehangen haben muss. Die Venus steht auf 22,5 Grad, der Münchner Rhythmenlehre zufolge ein Grad mit Sonne-Uranus-Prägung. Sonne und Uranus selbst stehen in recht genauer Opposition – der Native steht auf dem Sprung, auch bedingt durch den Fortfall des Vaters (Tod Januar 1903). Demgegenüber steht ein massiv besetztes erstes Haus unter der Führung des Stiers, dem es im Kern um die Erlangung konkret-substantiellen Selbstwertes geht. Mars findet sich in angehender Konjunktion mit der präzise gewordenen Pluto/Neptun/Mondknoten-Verbindung von Haus eins auf Haus zwei übergreifend. Die Mars/Neptun-Verbindung kann sehr unterschiedliche Formen annehmen. W. Döbereiner hat das Wort von der Revierverunsicherung geprägt, und diese ist hier zweifellos gegeben, zumal die Konjunktion auf das zweite Haus zu geht. Wir können auch von einer ungeklärten, (noch) ungeordneten Form des Energieeinsatzes sprechen, einer Aggression, deren Gegenüber noch keine klaren Konturen gewonnen hat. – Das Mit- und Gegeneinander von Sich-Entziehen und aggressiver Selbstbehauptung, das sich der Unterschrift entnehmen lässt, findet im Septar seine deutliche Entsprechung.

Vergleicht man die Schriften von 1906 und 1943, so fällt sofort ins Auge, dass das H, in der ersten Unterschrift noch durch andere Merkmale überlagert, nun zur alles bestimmenden Figur geworden ist. Eine derart massive Anfangsbetonung lässt immer einen unangemessenen Geltungsanspruch vermuten. Wir wiederholen: Grundsätzlich darf ein Einzelmerkmal, und sei es noch so ausgeprägt, das Gesamturteil nie allein bestimmen. Eine ausgeprägte Betonung

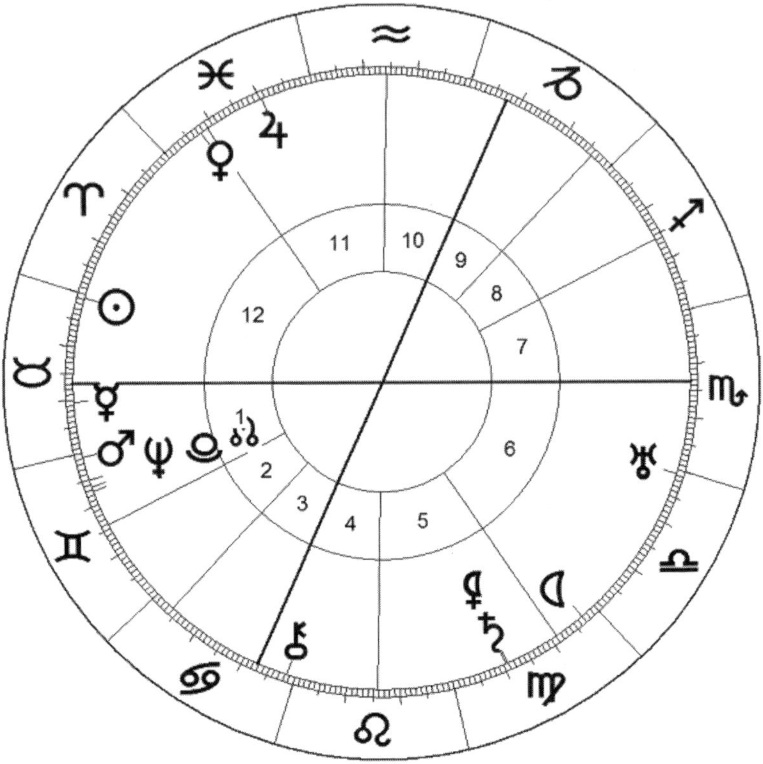


*Abbildung 9: Adolf Hitler, Septar III (Solar 1891)*

*Abbildung 10: Hitler Unterschrift 1943*

der Initialen macht noch keinen Diktator. Erst die weitergehende Betrachtung nicht nur der Unterschrift wird in diesen Fällen näheren Aufschluss geben können. Oft hat man es nur mit einer Aufblähung zu tun, die ein Machtvakuum auszugleichen sucht. Das H überdeckt nach Größe, auch nach Weite den gesamten Nachnamen. Bemerkenswert ist das Abfallen der nachfolgenden Buchstaben. Die Schrift »wächst« nach unten, hebt damit aber den Befund der Rechtsschräge auf, die ja im Normalfall die Zuwendung des Schreibers zum Du belegt. Von einer wirklichen Ausrichtung nach oben kann keine Rede sein, denn auch das H liegt mehr, als dass es stünde, sucht also die Horizontale. Die Bewegung nach unten aber, im konkreten Schreibablauf die Ausfüllung der Unterzone, wird gemeinhin mit der Verhaftung im Materiellen und Instinktiven, auch Sexuellen gleichgesetzt. Demgegenüber verweist die Betonung der Oberzone nach diesem Verständnis auf ethische, geistig geformte Ausrichtungen. Diese offenkundige Vereinfachung ist in der Grafologie nicht unumstritten, bei Knobloch etwa ist sie kaum auffindbar. (Wir werden dem – auch für die Astrologie! – wichtigen Thema an anderer Stelle nachgehen.)

Bei Hitler aber stimmt diese Polarität insofern, als er im wachsenden Maße das Subtanzielle in der Form des »Raumgewinnes« zum alleinigen Lebensinhalt machte. Im Laufe des Krieges brachte er seine Generäle mit immer irrealeren Durchhaltebefehlen zur Verzweiflung, wo eine flexiblere Operation fraglos mehr Aussicht auf Erfolg hätte erbringen können (Beispiel: die Verweigerung des Ausbruchs, der vermutlich große Teile der in Stalingrad eingeschlossenen VI. Armee hätte retten können). Die dem H nachfolgenden Buchstaben haben tatsächlich etwas Verbohrtes an sich. Man sieht, dass eine »Öffnung« dieses seinen Fixierungen ausgelieferten Mannes mit welchen Mitteln auch immer am Ende unmöglich sein musste. Die Abwärtsbewegung des Namensendes beginnt schon in den Jahren vor dem Ersten Weltkrieg, sie erfasst aber zunächst nur den Wortausgang. Diese Entwicklung setzt sich dann kontinuierlich fort, um im Verlauf des Krieges dann das gesamte Wort zu erfassen, während gleichzeitig die Ausrichtung nach unten immer stärker wird.

Zur letzten der drei Unterschriften: In den mir vorliegenden Unterschriften Hitlers wird der Vorname etwa zeitgleich mit der

*Abbildung 11: Hitler Unterschrift 29.4.1945,*
Testament

Machtergreifung auf die Initiale A verkürzt. Dieser Buchstabe verändert sich in den nachfolgenden Jahren in geradezu unheimlicher Weise. Der Buchstabe ist am Ende als A nicht mehr auszumachen, stattdessen ist er in das Signum der »S«-Rune übergegangen, welche die SS zum Zeichen ihrer selbst bestimmt hatte. Inwieweit sich der Diktator des Vorganges bewusst war, bleibt offen. Es ist vor allem müßig zu fragen, ob Hitler diese faktische Umformung bewusst angestrebt hat. Vermutlich war dies nicht der Fall. Denn der Versuch, die eigene Schrift gegenüber dem instinktgesteuerten Schreibakt zu manipulieren, sie etwa zu »verschönern«, scheitert meist (und hat übrigens eher eine rhythmische Störung als eine »Verbesserung« zur Folge). Weiter ist bei dieser Unterschrift bemerkenswert, dass der Prägnanz dieser zur S-Rune mutierten Initiale der Zerfall des Nachnamens gegenübersteht. Das sichtbar gewordene Bild des »Bohrers« und der S-Rune hat hier zu einer »symbolischen« Deutung veranlasst. Auch hier herrscht unter den astrologischen Schulen keine Einigkeit. Im Falle der Unterschriften Hitlers ist das konkret-symbolische Element so deutlich gegeben, dass es sich geradezu verbietet, dies bei der Schriftdeutung außer Acht zu lassen. Man hüte sich aber davor, die Formbildungen der Schrift auf verborgene Symbole abzusuchen. Wer hier zwanghaft fündig werden will, droht ins Manische zu geraten, und die Deutung kann dann unvermittelt ins Skurrile übergehen. Nehmen solche Versuchungen überhand, ist es wie immer geboten, dem »reinen« Schriftablauf zu folgen und wieder das Gesamtbild – also Bewegungs-, Raum- und Formbild in den Blick zu nehmen.

# Karl V. – der Rätselhafte

*Abbildung 12: Unterschrift Karl V.*

Der Strich der Unterschrift ist eher verhalten, im Ansatz zögernd, dann zunehmend freier. Es findet sich die für den Schützen so typische raumgreifende, oft »peitschenförmige« Signatur, die hier gefällige Formen schafft. Aufmerksamkeit verdient der ungewöhnliche Auftakt: Das C (des »Carolus«) wird von unten nach oben geführt, wo es in den Folgebuchstaben übergeht.

Wir sehen hier deutliche Formen von Linksläufigkeit. Diese ist dann gegeben, wenn sich die Schreibbewegung »umkehrt« und die Bewegung nach links sucht. Die Linksläufigkeit (an anderer Stelle näher ausgeführt) kann in sehr unterschiedlicher Weise auftreten – hier die Illustration anhand einer Schülerschrift am Beispiel des »s« und des »l« (L=Ludwig):

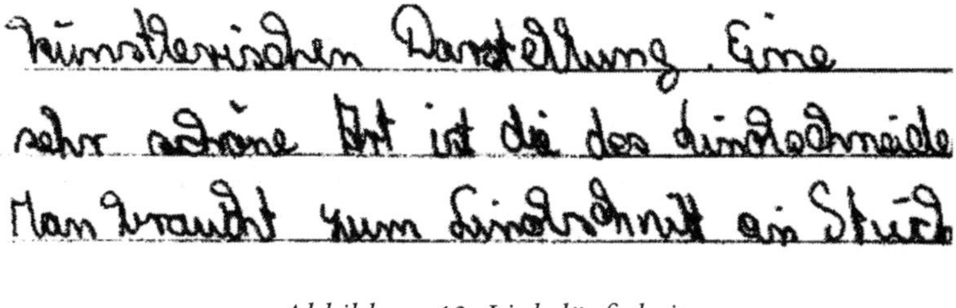


*Abbildung 13: Linksläufigkeit*

Wie immer gilt, dass das Einzelmerkmal nicht aus dem Gesamtzusammenhang genommen werden darf. Im Falle der Signatur Karls V. aber ist die Linksbewegung allzu auffällig – siehe den Abschluss des »o« und die Strichbewegungen des ausgehenden Wortes. Linksläufigkeit ist immer ein Hinweis auf ein »Bei-sich-Bleiben«, auf Zurückhaltung und Rücknahme seiner selbst gegenüber der Umwelt. Auch kann hier ein Sich-Verschließen in Form einer Anpassungsverweigerung eine Rolle spielen. Karl war weitblickend, er sah deutlicher als andere die Gefahren, die der Stabilität des Reiches durch die Reformation erwachsen mussten. Den Entwicklungen begegnete er wechselweise durch sture Beharrlichkeit und Sich-Entziehen, wie sich zum Ende zeigen sollte, die falsche Strategie.

Das Auffälligste an der Unterschrift Karls ist das weite Ausschwingen der Schrift nach unten. Der astrologisch Geschulte wird mit Blick auf das Raumbild hier vermutlich die Waagerechte (AC-DC) und Senkrechte (MC-IC), vor Augen haben, also damit auch die Bewegungsrichtung nach links, nach rechts, nach oben und unten. Zweifellos gibt es diese Analogien: Die Bewegung nach rechts in der Schrift wäre also ein Hinweis auf die Orientierung auf das Du hin. Hier aber ist vor allzu schnellen Schlüssen zu warnen. Die Mehrzahl der Schriften ist rechtsschräg, aber nicht jeder, dessen Schrift Rechtsschrägheit aufweist, ist ein rückhaltlos offener Charakter (siehe das Beispiel Adenauer).

Der versierte Astrologe weiß im Übrigen, dass ein stark besetzter dritter Quadrant keineswegs ein Garant auf eine vorbehaltlose Zuwendung zum Du darstellen muss. Ein Beispiel ist das Horoskop August Strindbergs: Es weist einen sehr starken dritten Quadranten auf. Doch Strindberg war ein Eigenbrötler und mied die Gesellschaft. Der Schlüssel in diesem Horoskop ist im Herrscher über den dritten Quadranten zu finden. Dieser steht in Haus eins, weist also zurück auf die Eigenperson und ihre Ansprüche. Dementsprechend ist die Schrift Strindbergs keinesweges rechtsschräg, sie ist durchgehend steil.

In ähnlicher Weise könnte eine ausgeprägte Linksläufigkeit der Schrift selbst bei deutlicher Rechtsschräge einen klaren Vorbehalt gegenüber dem Du darstellen. Man sieht, dass hier Vorsicht geboten ist. Dies gilt auch für die Analogie Vergangenheit (links) – Zukunft (rechts) – dem einen oder anderen womöglich aus Tarotlegungen bekannt. Eine linksschräge Schrift steht keineswegs primär für Vergangenheitsfixierung oder gar für einen ausgesprochenen »Konservatismus«, meist ist sie schlicht als Hinweis auf Vorsicht zu engen Kontakten gegenüber zu verstehen, was sich im Krisenfall zu einem gänzlichen Sich-Verschließen verdichten kann.

Die Betonung der Oberzone wird gelegentlich gleichgesetzt mit einem Streben nach überindividuellen Werten, auch mit einer Ausrichtung auf Normen ethischer Art. Doch gerade hier sind voreilige Festlegungen zu vermeiden. So wäre es natürlich unsinnig, aus der Schrift Adenauers auf ein unterentwickeltes ethisches Empfinden zu schließen, nur aus dem Grunde, weil dort die Mittellage sehr stark ist und die Oberzone buchstäblich zu kurz kommt. Richtig ist allerdings, dass Adenauer Idealismen, gleich welcher Form, Misstrauen entgegenzubringen pflegte. Man könnte es auch so ausdrücken: Sein stark entwickeltes Mittelband entsprach einer Normierung auf das praktisch Gegebene und Machbare. Nimmt man die Unterschrift Adenauers als Signatur der 50er-Jahre, so könnte man sagen, dass sie Sicherheit und Stabilität zur gültigen Norm machte (Adenauer: »Keine Experimente!«).

Wie bereits gesagt, gilt die Betonung der Unterzone gemeinhin als Anzeichen der Verwurzelung im Physischen, aber auch im Instinktiven. Nicht zuletzt der Bereich des Sexuellen soll hier angesprochen sein. Auch und gerade hier ist vor allzu raschen Analogieschlüssen zu warnen. Im Horoskop werde ich das zweite Haus befragen, wenn es um die Angelegenheiten der materiellen Sicherungen geht, kaum das vierte – es sei denn, ich suche Aufschluss über das Thema des Wohnens. Um es konkret zu machen: Aus einer verkümmerten, kaum oder gar nicht sichtbaren Unterzone werde ich vernünftigerweise nicht zwingend auf eine desolate Wohnsituation schließen (was eine solche natürlich nicht ausschließen muss). Man hüte sich also vor Überkonkretisierungen, gerade auch, was den Fall der Unterzone angeht. Richtig aber ist, dass man anhand der Unterzone Aufschlüsse über das Unbewusste generell erfahren kann (und über das Verhältnis zum eigenen Unbewussten).

Auch die geläufige Bezeichnung der Unterzone als Raum des »Tiefen-Ichs« kann hier wegweisend sein. Nach A. Lüke gilt diese

Zuordnung: obere Zone – Geist/Über-Ich, Mittelzone – Seele/Ich, untere Zone – Leib/Trieb/Es. Dies verhilft sicher zu grundsätzlich hilfreichen Orientierungen, bleibt aber in dieser Verkürzung problematisch – man wird dies weiter unten am Beispiel der Horoskope Freuds und C. G. Jungs sehen können. Gerade hier lauern Gefahren, die die gesamte Deutung zu Fall bringen können. Nach dem stark symbolisch bestimmten Ansatz M. Pulvers drückt die Unterlänge vor allem den Grad der physischen Aktivität aus. Ist diese gegenüber den anderen Zonen deutlich akzentuiert, verweist dies nach Pulver auf überwiegend finanzielle, wirtschaftliche Zielsetzungen. Die Oberlänge

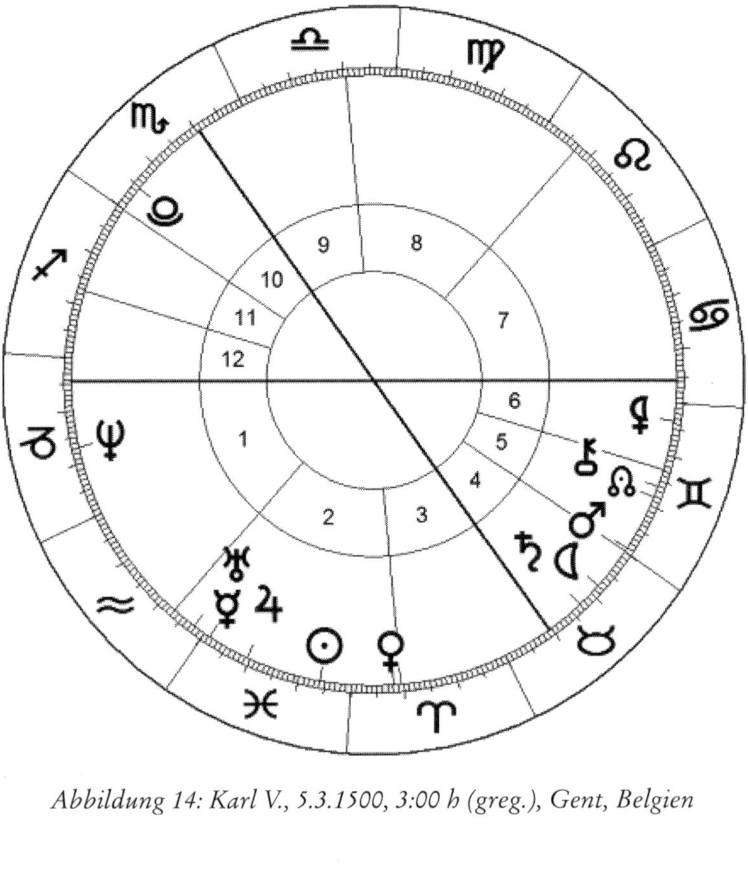


*Abbildung 14: Karl V., 5.3.1500, 3:00 h (greg.), Gent, Belgien*

sieht er in Verbindung mit intellektueller Aktivität, sie spiegle den Grad der Lebhaftigkeit und des Interesses für überindividuelle geistig-intellektuelle Orientierungen. Auch der Anfänger sieht augenblicklich die Gefahren, die in diesem Schematismus stecken. Die meisten Grafologen gehen heutzutage auf Distanz gegenüber diesen Zuordnungen. Der erwähnte Knobloch lehnt sie gar gänzlich ab.

Für das Schriftbild Karls V. kann dies bedeuten, dass das »Abschwingen« in die Unterzone, verbunden mit der deutlichen Linksläufigkeit und der sich durchkreuzenden Linienführung eine Verfangenheit im eigenen isolierten Dasein darstellt, in einem Raum, der auch der eigene familiäre war, mithin also auch die familiäre Erblast zu tragen hatte (u.a. die Geisteskrankheit der Mutter, Johannas der Wahnsinnigen). Zweimal wurde Karl V. von Tizian gemalt. Das eine Bild zeigt ihn in Rüstung und zu Pferde, eine Lanze schwingend, von ferne an seinen fiktiven Landsmann Don Quixote erinnernd. Es folgte ein Porträt ganz in Schwarz, das den Abgedankten, am Ende nach Spanien Zurückgekehrten zeigt, wo er nur zwei Jahre später sterben wird. In beiden Fällen ist das seltsam Weltentrückte dieses mit »menschlichen« Kategorien nicht fassbaren Mannes mit frappierender Genialität erfasst.

Niemand wird so weit gehen, zu behaupten, all dies sei zwingend aus der Unterschrift allein abzuleiten. Aber auch bei Zurückhaltung in der Deutung der Symbolik des Räumlichen wird man aus dem Namenszug Wesentliches über den Charakter dieser so rätselhaften Gestalt ersehen können.

Wir beschließen das Kapitel mit Barack Obamas Unterschrift – einer erkennbar *stilisierten*. Es handelt sich hier um die Unterschrift des Präsidenten unter seinem umstrittenen Gesetzeswerk, das der großen Mehrheit des Landes einen weitreichenden Versicherungsschutz garantieren sollte (»Obama-Care«). Mitunter kann es geboten sein, mehr als nur ein Beispiel der Unterschrift des Betreffenden zu haben. So auch hier, denn normalerweise sind die Unterschriften Obamas deutlich straffer geführt. Die eigentümliche Formenbildung der Initialen soll hier nicht diskutiert werden. Ins Auge fällt sofort der zitternd geführte Strich spezifisch im »O«, welches gleich mehrfach gelötet ist – ein unübersehbarer Hinweis entweder darauf, dass der Präsident entweder dem eigenen, für ihn doch so wichtigen Gesetzeswerk nicht wirklich das nötige Vertrauen entgegenbrachte, oder aber darauf, dass er Zweifel an dessen praktischer Durchführbarkeit hatte. Bekanntlich hatte der Präsident in der Folge mit erheblichen Widerständen zu kämpfen.

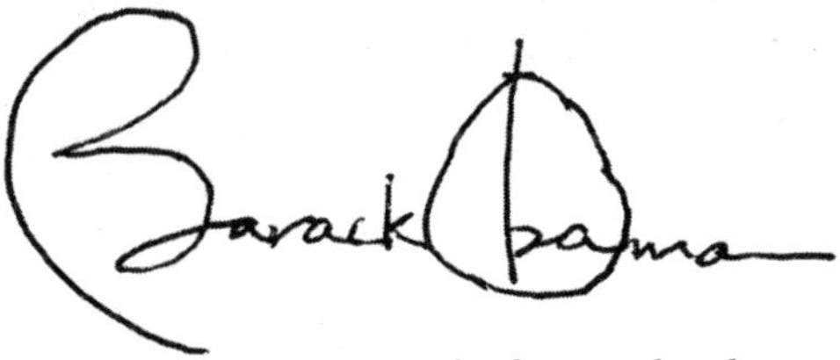

*Abbildung 15: Unterschrift Barack Obama*

Zum Abschluss dieses Kapitels einige generelle Worte zum Thema Strichbildung. Die eingehendere Betrachtung der Strichbildung ginge über den Rahmen hinaus, der diesem Buch gesteckt ist. Sie setzt eine sorgsame Beschäftigung mit den physiologischen Grundlagen des Schreibaktes voraus. Daher soll ein Beispiel mit hinweisendem Charakter genügen:

*Abbildung 16: Schreibbewegung*

Der Leser wird sofort sehen, dass die Vergrößerung der Schrift tiefergehende Aufschlüsse erbringen wird. Auch der noch Ungeübte wird hier sofort das Stockende der Schreibbewegung erkennen, desgleichen die missglückte Formenbildung. Die naive Äußerung (sie ist legitim!) würde hier vielleicht von fehlender Frische, von Gehemmtheit sprechen. Typisch für die Schrift von Depressiven – mit einer solchen haben wir es hier zu tun – ist das Stockende, die Starrheit der Schrift, ihre Rigidität, die Unregelmäßigkeit im Druck – wie hier gegeben. Oft ist die Bewegung bei depressiver Veranlagung schwerflüssig, die Schrift klebrig.

# Schriftbilder – 28 Beispiele

Erfahrungsgemäß fällt dem astrologisch Geschulten der Zugang zum Raumbild einer Schrift meist leichter als der zum Bewegungs- und Formbild. Dies ist nur zu verständlich, da es ja im Horoskop auch um »oben« und »unten«, um »rechts« und »links« geht, und auch die Winkelaspekte wird der Betrachter eher »räumlich« sehen, weniger als Bewegung oder Form. Da aber die Bewegung (hierin eingeschlossen die Strichführung) die unmittelbare Äußerung des Schreibenden ist, also dem Form- und Raumbild vorausgeht, ist es sinnvoll, auch hier zunächst Beispiele folgen zu lassen, die primär der Frage nach der Bewegung der Schrift nachgehen. Das Bewegungsbild sagt vieles aus über den Grad und die Form der Lebendigkeit des Schreibers. Hier zeigt sich der Rhythmus von Spannung und Entspannung mitsamt den möglichen Störungen. Nicht jeder Grafologe folgt Rudolf Pophal, der im Schreibakt vor allem eine bewegungsphysiologische Tätigkeit sah. Aber wohl niemand wird bestreiten, dass das Verständnis der Schreibbewegung in den Kern der grafologischen Deutung überhaupt führt.

Danach folgen Schriften, die primär das Formbild, dann solche, die vornehmlich das Raumbild ins Auge fassen. Die einseitige Konzentration auf je eine der drei Kategorien aber würde die Deutung zu sehr verkürzen. Zudem gibt es, wie bereits gesagt, durchaus Überschneidungen der Bereiche. So kann man z.B. je nach Perspektive die Behandlung der Schriftränder dem Formbild oder dem Raumbild zuordnen.

# Else

Bewegungsbild – Unregelmäßigkeit

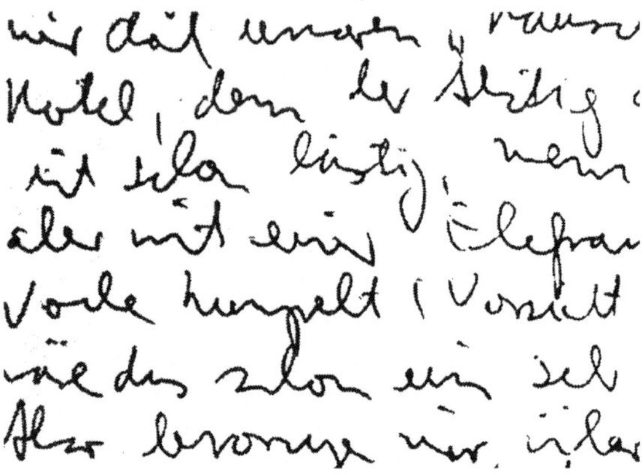

*Abbildung 17: Schriftprobe Else*

Zu den bekanntesten Stellien des vergangenen Jahrhunderts gehört dasjenige vom Februar 1962. Alle sieben klassischen Planeten befanden sich in den ersten Tagen des Februars jenes Jahres im Wassermann. Die Frau, deren Schrift wir hier sehen, wurde ca. 14 Tage später geboren und hatte den Mond (im Löwen) in der Opposition zum genannten Stellium. Wir haben hier eine Schrift vor uns, die man kaum unter der Kategorie »ansprechend« verbuchen wird. Es wäre aber wenig hilfreich, es bei dieser Schnelletikettierung zu belassen. Jede Schrift verdient eine eingehendere Betrachtung. Beim näheren Hinschauen gewinnt der Leser vermutlich den Eindruck, dass die zunächst »chaotisch« erscheinende Schrift zwar unruhig ist, dabei aber einen lebendigen Eindruck macht. Möglichweise gewinnt man auch den Eindruck einer gewissen geistigen Erregbarkeit.

Vergessen wir nicht, dass der klassische Regent über den Wassermann der Saturn ist, Uranus ist ihm nachgeordnet. Infolgedessen ist bei typischen Wassermannschriften bei aller Exzentrik, die in den Einzelformen auftreten mag, doch der Drang zur Wahrung der Schriftnormen zu beobachten. So auch hier: Die Schulvorlage ist beibehalten, doch die Schreiberin geht damit frei um, sodass bei näherem Hinsehen ein »luftig geordnetes Gesamtbild« (Th. Ring) angestrebt scheint.

Das Thema »Regelmäßigkeit-Unregelmäßigkeit« kann sich auf unterschiedlichen Ebenen finden. Es kann die Schriftgröße betreffen, die Zeilenführung, die Gesamtbewegung betreffen, die Strichbildung etc. Wie in vielen Fällen, so ist auch hier Ambivalenz gegeben: Die regelmäßige Schrift vermag Disziplin, kontrollierte Entschiedenheit auszudrücken. Sie kann aber auch in überzogene Nüchternheit, ja, in die Erstarrung führen. Umgekehrt verweist ein gewisses Maß an Unregelmäßigkeit auf geistige Regsamkeit, auf eine Elastizität der willentlichen Steuerung. Treten hier aber Überwertigkeiten auf, wird zudem die Strichführung druckschwankend und unsicher, so liegt die Vermutung nahe, dass eine grundlegende Labilität des Schreibers zu unterstellen ist.

## Georg Friedrich Händel

### Bewegungsbild

Zur Zeit Händels waren selbst Größen vom Range eines Johann Sebastian Bach (wie Händel ebenfalls 1685 geboren) Angestellte im Dienste ihrer Fürsten oder wie Bach im Dienst des Stadtmagistrates. Nur selten erfuhren die Musiker wirklichen Dank und die ihnen zustehende Anerkennung. Erst Beethoven sollte sich gänzlich frei machen von den oft entwürdigenden Zwängen dieses subalternen Daseins. Verglichen mit anderen (auch mit dem gleichaltrigen Bach) stand Händel aufs Ganze gesehen besser da, nicht zuletzt auch in finanzieller Hinsicht. Doch auch hier gilt, was Händel in dem obigen Brief über sich selbst sagt. Er nennt sich »Your very humble servant« – »Ihr sehr ergebener Diener«. Die Unterschrift ist nach Größe und Formbild vom Gesamttext verschieden. Dies kann bedeuten, dass Händel sich hier in Bescheidenheit übt und damit auch gewissermaßen gestisch die Rücknahme seiner selbst betreibt. Man beachte zudem, dass die Unterschrift nicht wie üblich räumlich abgesetzt ist vom Brieftext, eine Exponierung des Schreibers im Raumbild unterbleibt also gänzlich. Von einer falschen Bescheidenheit aber oder von Unterwürfigkeit ist im Brief nichts zu sehen, wie u.a. das deutlich vergrößerte »I« (gleich dreimal) belegt.

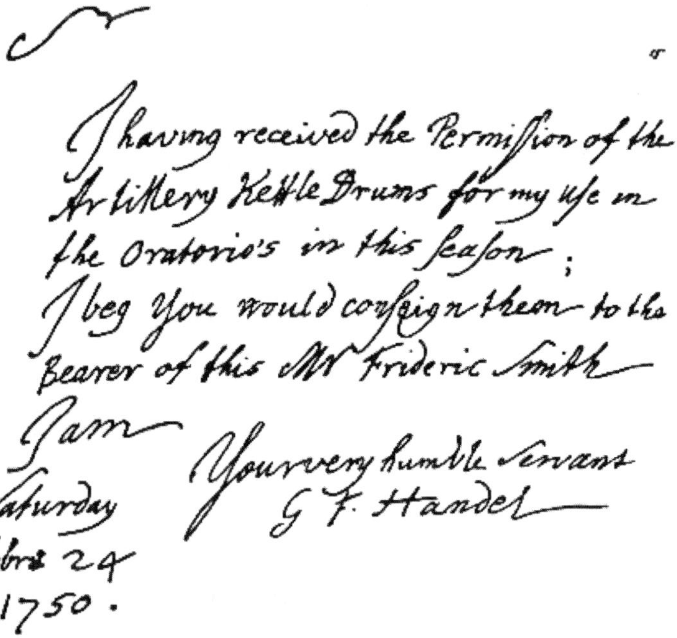
Sr

I having received the Permission of the Artillery Kettle Drums for my use in the Oratorio's in this Season; I beg You would consign them to the Bearer of this Mr Frideric Smith

I am

Your very humble Servant

G. F. Handel

Saturday Febr 24 1750.

*Abbildung 18: Schriftprobe Georg Friedrich Händels im Alter von 65 Jahren*

Es ist ganz natürlich, wenn der noch Ungeübte Schwierigkeiten damit hat, Bewegungs-, Form- und Raumbild voneinander klar zu trennen. Denn diese gehen ineinander über, oder besser gesagt: das eine erwächst aus dem anderen. Die Bewegung erzeugt Formen, diese wiederum wachsen in einen Raum hinein, den sie gewissermaßen strukturieren. Dennoch ist es eine gute und notwendige Übung, zunächst unter

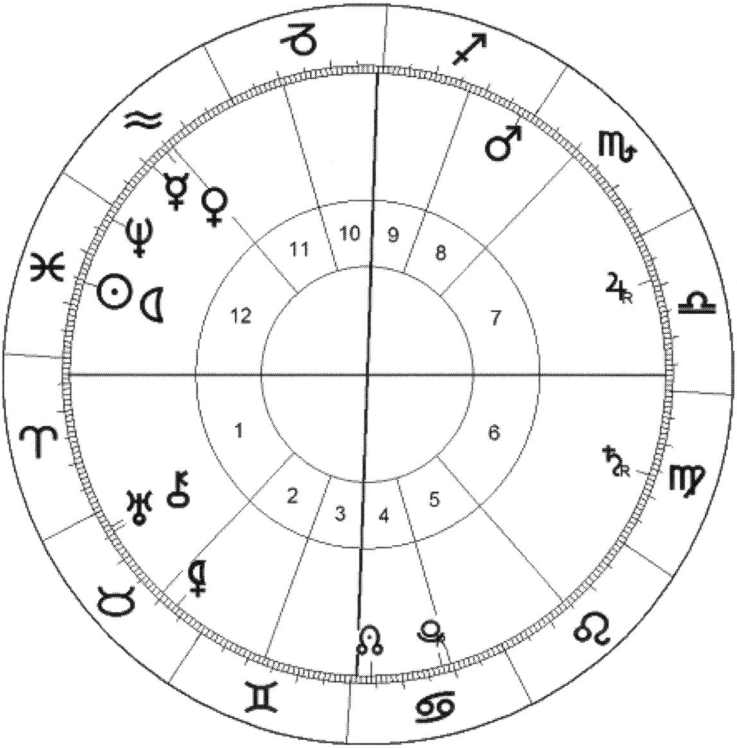


*Abbildung 19: Georg Friedrich Händel, Neumond, 5.3.1685 (greg.) 5:45 h LMT, Halle*

Außerachtlassung der Form- und Raumgestaltung allein dem Ablauf der Bewegung zu folgen. Ist die Bewegung eine schwingende, eine gleitende, eine eilige, eine gar eilig drängende? Oder hat man eine »verweilende«, behäbige, gar stockende Bewegung vor sich? Man scheue sich nicht, die Bewegung nachzuvollziehen – mit dem Stift oder gar in Form der Gebärde der ganzen Hand.

Man könnte sagen, dass eine geduldige Kontemplation der Schrift Händels dessen Musikalität spürbar werden lässt (womit selbstverständlich nicht etwa gesagt werden soll, dass sich aus der

Schrift eines Musikers dessen Tun zwingend erschließen ließe – sei dies Komponieren, sei es Interpretieren). Wir haben im Falle Händels ein gut entwickeltes, flüssig-gleitendes Bewegungsbild vor uns. Die Strichführung ist glatt bis schwingend. Nichts stößt sich im Schriftraum, nichts wird hier forciert, der Bewegungsablauf ist vollkommen frei, dabei aber zügig geführt. Übermäßige Eile wird nicht angestrebt, ebenso wenig aber zeigen sich Stagnationen oder gar Stauungen (sieht man ab von der für den Gesamteindruck unerheblichen Verklecksung in »Febr.«). Händel wurde mit einem Neumond in den Fischen geboren. Thomas Ring spricht mit Blick auf die Fischesignatur von »Fischflossenstil«, und hier oder dort zeigt sich in der Formbildung, dass dies auch für Händels Schrift eine treffende Zuschreibung ist. Auch ist der Duktus zwar sensibel, vielleicht gar weich, aber nie schlaff, sondern federnd-elastisch. Vor allem aber finden sich keinerlei Formenauflösungen, wie sie sich bei überwertigem neptunischem Einfluss einzustellen pflegen. Ein Abgleiten in Richtung Formauflösung ist hier sicherlich auch dank der Opposition Saturns (in der formbewussten Jungfrau!) auf den Neumond verhindert worden.

Aus einem Interview mit Detlev von Uslar (Professor em. für Psychologie in der Zeitschrift Graphologie, 7/'09): »Du hast dich zeitlebens mit Fragen der Kunst, insbesondere auch mit Architektur beschäftigt. Welchen Zusammenhang siehst du zwischen der Deutung der Handschrift und jener eines Kunstwerks?« »Da fällt mir der Zusammenhang mit der Musik ein. Ich habe einmal die Handschrift von Händel mit der eindrücklichen Unterschrift gesehen. Gleichzeitig wurde Musik von Händel abgespielt. Und die ganze Person (von Händel) stand unmittelbar da. Auf unglaubliche Weise hat alles zusammengespielt: Musik, Schrift und Unterschrift.«

Die bei vielen Astrologen üblich gewordene Ignoranz gegenüber der klassischen Signifikatorenlehre verspielt zu vieles an Deutung. Wir sehen hier in der Schrift des Fische-Geborenen die Handschrift des klassischen Herrschers Jupiter am Werk – nicht etwa die Handschrift des formauflösenden Neptun. Jupiter, der klassische Herrscher über diesen Neumond, steht in den Fischen im Trigon zur Venus/Merkur-Konjunktion im Wassermann.

Auch ein Notenbild ist ein Schriftbild – eben Notenschrift, und auch dort mag ein Blick in die Autografen Interesse wecken. Nachfolgend die Notenschrift der beiden bedeutendsten Komponisten des Barock, die Schrift Händels, gefolgt von derjenigen J. S. Bachs. Die Notenschrift Händels erscheint raumgreifender, die des im Widder geborenen Bach gedrängter, konziser. In der hier gezeigten »Notenschriftprobe« J. S. Bachs könnte man glauben, den »Swing« der Musik des großen Komponisten zu vernehmen. Deutlich wird der widdertypische Rhythmus des »aus sich selbst strömenden Flusses« (Th. Ring). Händel ist (in der Musik wie in der Schrift) der »Barockere«, »Fülligere«, Bach ist »zackiger«.

*Abbildung 20: Notenbild G. F. Händel*

Wir schließen hier mit einer Beobachtung von H. Ploog: »In der Schrift von Komponisten und Dirigenten spürt man die Musik, die Rhythmik, die Ästhetik. Das Geschriebene von Malern sieht dagegen ganz unterschiedlich aus. Auch Schriftsteller haben nicht einheitliche Schriften – da gibt es eben die Fleißigen und die Kreativen. Das ist wie bei den Schachspielern, die einen sind Strategen, die anderen Überraschungsangreifer.« (Interview, Zeitschrift »Bio«)

*Abbildung 21: Notenbild J. S. Bach*

## Heribert

Schriftgröße – Ablaufrhythmus – Größenverhältnisse – Oberzone, Mittelzone, Unterzone – Winkelgirlande – Enge

Das Geburtsbild ist durch den Widderregenten Mars und die angereihten Aspekte auf das sechste Haus und die dort bestimmende Jungfrau bezogen. Die Herrscher über Haus sechs, Sonne und Merkur, verweisen zurück auf den ersten Quadranten. In struktureller Hinsicht haben wir es mit einem klar ausgerichteten Bild zu tun: Die »Ökonomie« des sechsten Hauses dient der Selbstdurchsetzung und der Sicherung des Eigenwertes (Sonne im zweiten Haus, dazu der im ersten Haus eingeschlossene Stier mit dem Regenten Venus in enger Konjunktion mit dem AC). Zum Zeitpunkt der Abfassung des Schriftstückes wurde der AC-Herrscher Mars rhythmisch ausgelöst (durch Überlauf im Siebenerschritt gegen den Uhrzeigersinn). Es ging um einen entschlossenen Schritt im Beruflichen, wo sich eine neue Stelle anbot (wie leicht erkennbar, ging es um eine Arbeit im sozialen Bereich, spezifisch um die Betreuung Jugendlicher). Es mag (auch) an dem aktualisierten Mars liegen, dass bei dieser Handschrift mehr der Widder als der Zwilling federführend ist. Das bei der typischen Zwillingsschrift zu beobachtende flüchtige Element fehlt hier. Immerhin ist das bei einem Zwilling zu erwartende zügige Schreibtempo gegeben. Gerade bei merkurial bestimmten Handschriften ist es geraten, zu prüfen, ob oder inwieweit der nicht seltene Fall vorliegt, dass eine erworbene Schreibroutine fälschlich als Ausdruck eines gegebenen Rhythmus' erscheint. Wir haben es bei dieser Schrift mit einem in seinen Elementen zurückhaltenden, aber erkennbar rhythmischen Bewegungsablauf zu tun. Unter dem Ablaufrhythmus (der Begriff stammt von B. Wittlich) versteht man primär die ungestörte rhythmische Verbindung im Verlaufe der Schreibbewegung.

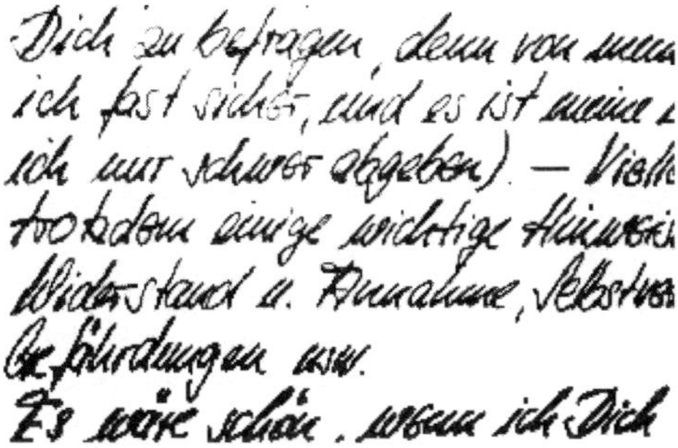
Dich zu befragen, denn von
ich fast sicher, und es ist
ich nur schwer abgeben). –
trotzdem einige wichtige
Widerstand u. Annahme,
Gefährdungen usw.
Es wäre schön, wenn ich Dich

*Abbildung 22: Schriftprobe Heribert*

Die Schrift ist groß, doch von natürlicher Größe, nicht von unechter, »demonstrierter« Größe (der Befund wäre dann ein »mehr Schein als Sein«). Wir halten fest, dass die Schriftgröße in doppelter Hinsicht aussagefähig ist. Sie lässt zum einen Rückschlüsse auf den Willensaspekt zu. Zum zweiten wird an ihr der Grad des jeweiligen Selbst(wert)gefühls erkennbar. Mit Blick auf das Thema der Schriftgröße ist es weiter von Belang, der Frage nachzugehen, wie die Relation von Ober-, Mittel- und Unterzone aussieht. Findet sich die Ausweitung der Größe in der Oberzone, so kann man mit einem »erhöhten« Selbstwertgefühl rechnen – was sich etwa in einem Zug ins Idealistische dokumentieren kann. Demgegenüber erbringt die relative Vergrößerung der Unterzone die Verlagerung des Schwerpunktes in den Bereich des »Beharrens«. Dieser zugegeben nicht ganz zureichende Begriff wird hier gewählt, um Ausdrücke wie »materielle Verhaftung«, »Trieb« oder »Instinktbindung« zu vermeiden – auch wenn diese im Einzelfall fraglos treffen mögen. Eine überdurchschnittliche Verlagerung in die Oberzone in Verbindung mit einer Unterentwicklung der anderen Zonen wirft die Frage auf, inwieweit Ambitionen und Leistungspotenzial Hand in Hand gehen. Generell haben wir im Falle großer Längenunterschiede die Frage nach dem Verhältnis von Wollen und Können aufzuwerfen. Die vorliegende Schrift ist eher mittelpunktstrebig (Heiss), sodass man Hinweise auf ein stabil gesichertes Ich erhält. Wir sehen hier die klare Entsprechung zur Venus am AC in Verbindung mit der Sonne im zweiten Haus. Allerdings ist nicht zu übersehen, dass es hier und dort zu einer etwas plakativen Verstärkung dieses Selbstbewusstseins kommt – siehe die markanten Anfangsbetonungen der Großbuchstaben, besonders deutlich in »Dich«, »Annahme« und »Es«.

Das Schriftbild ist regelmäßig »durchpulst«, man sieht einen kontinuierlich aktualisierten Impuls, wie er für die Widdersignatur typisch ist. Es entsteht der Eindruck dranghafter, sich selbst tragender Vorwärtsbewegung. Infolgedessen bildet sich der Eindruck einer »stur« durchgezogenen Schreibbewegung. Nicht unbedingt typisch für die Widderschrift ist die hier dominante Bindungsform der Girlande. Da sie ebenso wie die Rechtsschrägheit ein natürlicher Teil der Schreibbewegung ist, sollte man sie – im Gegensatz zur »unnatürlichen« Arkade nicht übermäßig gewichten. Erwähnenswert aber ist, dass wir in der Schrift die Form der Winkelgirlande vor uns haben. Diese nimmt dem Winkel einiges von seiner Direktheit, ohne den in ihm erkennbaren Willensimpuls fühlbar zu mindern. Die Entsprechung ist meist in der Form einer nach außen gezeigten Verbindlichkeit bei gleichzeitigem Beharren auf innerer Eigenständigkeit gegeben.

Was auffällt, ist das Überformen der Zwillingssignatur durch den Widdereinfluss. Zur typischen Zwillingeschrift gehören Eile und Magerkeit, auch die Bindungsform des Fadens ist zumindest in Ansätzen gegeben. Jedenfalls ist in der Zwillingsschrift der Eindruck von Wendigkeit, möglicherweise eines gewissen Lavierens gegeben. Hier ist Gelegenheit, auf den von Rudolf Pophal eingebrachten Begriff

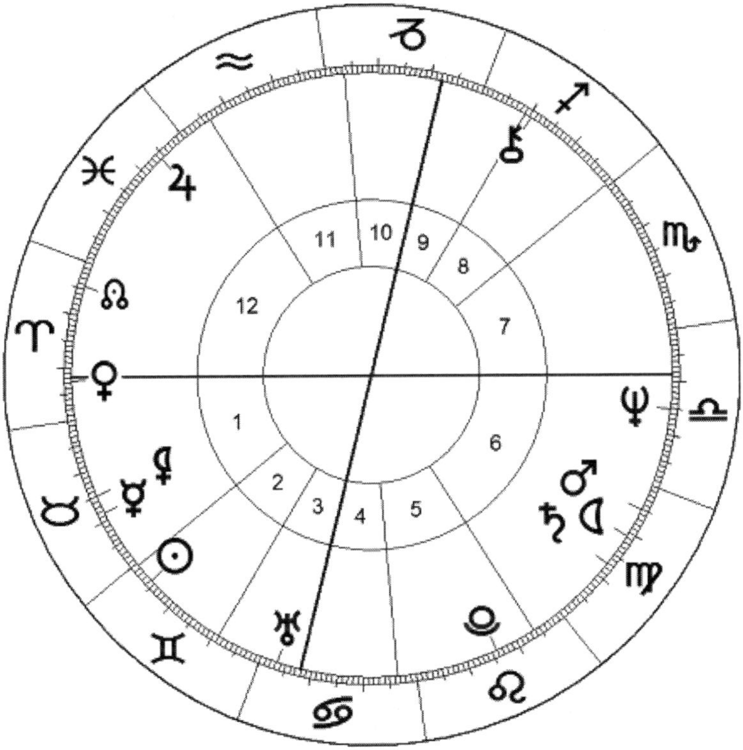


*Abbildung 23: Heribert*

der »Versteifung« einzugehen. Nach Pophal unterliegt der Schreibakt in physiologischer Hinsicht der »zweckmäßigen Hemmung«: Das Gelingen der Schreibbewegung setzt Führung voraus, »Steuerung« (ein auch von Knobloch verwendeter Begriff). Eine Hemmung aber, die allzu stark wird, unterdrückt die flüssige Schreibbewegung. Einerseits also ist eine zweckmäßige Hemmung vonnöten, andererseits muss eine »zweckmäßige Enthemmung« gegeben sein. Für das Schriftbild bedeutet dies, dass es jeweils auf der Skala »haltlos« – »gespannt« – »verkrampft» einzuordnen ist. Pophal nennt diese jedem Grafologen geläufigen fünf Versteifungsgrade:

I: Versteifung unzureichend, haltlose Schrift;
II: schwache Versteifung, lockere Schrift;
III: mittlerer Versteifungsgrad, »zweckmäßige« Versteifung;
IV: starke Versteifung, gespannte Schrift;
V: überstarke Versteifung, Verkrampfung.

Diese »Taxonomierung« hat offenbar einiges vom früheren Rang des obligatorischen Diagnosemittels eingebüßt, nach wie vor aber stellen die Pophalschen »Versteifungsgrade« einen bewährten Zugang zum Schriftbild dar. Die obige Schrift nähert sich der Stufe IV an. Damit steht sie in sicherem Abstand von den Extremwerten. Problematisch ist allerdings, dass der Einfluss des Sonnenzeichens der Zwillinge hier eindeutig zu kurz gekommen ist. Gewiss kommt der offenkundige Ehrgeiz dem Schreiber in beruflicher Hinsicht zugute, darüber hinaus überall dort, wo es um Selbstbehauptung geht. Man hätte dem Schreiber aber ein wenig mehr an Gelöstheit, an Unbeschwertheit gewünscht.

Hinzu kommt der Eindruck einer gewissen Verengung im Schriftbild. Die verengte Schrift erhöht den Grad der Konzentration, aber damit auch den der Spannung. Wie leicht einsehbar, geht die verengte Schrift mit dem steilen Anstrich Hand in Hand. Neigt diese Entwicklung zur Überwertigkeit, so verrät sich eine Verspannung, welche fanatische Formen annehmen kann. Dieser Extremfall ist hier gewiss nicht gegeben. Doch da die verengte Schrift einhergeht mit der Verengung von Gesichts- und Interessefeld, ist sie schwerlich in Einklang zu bringen mit der Zwillingssignatur, die, da grundlegend sanguinischer Natur, auf freie Beweglichkeit hin ausgerichtet ist. Ein so deutliches Zurücktreten des Sonnenzeichens im Schriftbild ist ungewöhnlich und bedeutet meist, dass Teile des essenziellen Ich-Antriebs noch nicht zur Entfaltung gelangt sind.

## Weiblich, Sonne in der Jungfrau

### Mittelzone

Der Name der Nativen soll hier erst nachfolgend genannt werden. Wie bereits weiter oben soll der Leser, nunmehr mit dem Thema »Schrift«

schon etwas vertrauter, auch hier versuchen, selbst einen ersten Zugang zu finden.

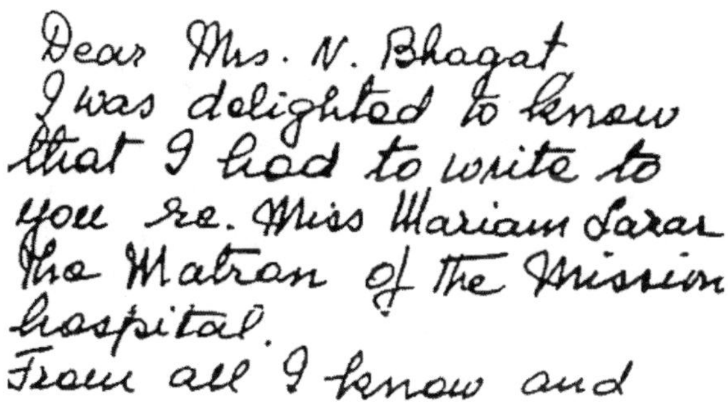
Dear Mrs. N. Bhagat
I was delighted to know
that I had to write to
you re. Miss Mariam Sarar
the Matron of the Mission
hospital.
From all I know and

*Abbildung 24: Übungsbeispiel*

Wir versuchen, den Gesamtausdruck zu versprachlichen und verzichten auch hier zunächst bewusst auf die detaillierte Benennung der Einzelelemente – einige dürften dem Leser ohnehin aufgefallen sein, so etwa die markanten t-Striche.

»Nicht unbedingt eine beschwingte Schrift« – so in etwa mag der Leser die Zeilen empfunden haben. Bei genauerem Schauen wird aber deutlich geworden sein, dass wir es mit einer festen, keineswegs aber mit einer starren Schrift zu tun haben – auch wenn die Schriftbewegung zäh scheint. Doch nie stockt die Bewegung, wenngleich hier und dort stärkere Versteifung sichtbar wird (siehe das »B« in der ersten Zeile). Die Zeilen wirken kraftvoll, selbstbestimmt. Die Schreiberin weiß was sie will, »unbeirrbar« hat der Leser vielleicht gedacht – siehe etwa das unbeugsame »know« in der unteren Zeile. Man spürt auch, dass hier Realismus, Sachlichkeit eingegangen ist. In diese Richtung deutet die Tatsache, dass die Mittelzone gut entwickelt ist – anders gesagt: Das Verhältnis von Ober-, Mittel- und Unterzone ist ausgeglichen. Es fehlt nicht an markanten Betonungen der Oberlänge – siehe die erwähnten t-Striche. Doch die stabile »volle« Mittelzone bewahrt vor einem buchstäblich »abgehobenen« Idealismus, der sich wenig um die Erfordernisse des realen Daseins schert.

Die Geburtszeit der Nativen ist spekulativ, wir beschränken uns auf die Tageskonstellationen. Wir finden fünf der sieben klassischen Planeten, unter ihnen Sonne (Jungfrau) und Mond (Stier) im Erdelement.

Es handelt sich um Mutter Teresa, geboren am 26.08.1910 in Skopje, Mazedonien. Ist es die Schrift einer »Heiligen« (der derzeitige Papst hat Mutter Teresas kanonisiert)? Wie sähe die Schrift einer Heiligen aus? Wie und wo wären »mystische« Ausprägungen im Schriftbild zu finden? Man hüte sich hier vor der Verführung durch Projektionen und Suggestionen. So viel aber dürfte gesichert sein: Wir haben es hier zu tun mit der Schrift einer Frau, die sich nüchtern-unbeirrt den realen Erfordernissen stellte, die sich so leicht nicht von ihrem Weg abbringen ließ und offenkundig von einem starken Pflichtbewusstsein getragen war.

## Otto von Bismarck

Enge – Winkel

Die Handschrift Bismarcks (Sonne im Widder, AC im Löwen, Mond im Steinbock) hat schon in der Frühzeit der Grafologie das Interesse auf sich gezogen. Der Begründer der modernen Grafologie selbst, Jean Hippolyte Michon (1806–1881), hat nicht versäumt, sie zu kommentieren. Er sieht in dieser Schrift Ordnung, Genauigkeit, auch den Blick auf das Kleine gegeben, daneben aber auch »teutonische Schroffheit« und Unbeugsamkeit. Michon, dem der Bezwinger Frankreichs wohl nicht unbedingt in Sympathie zugetan war, spricht weiter von einer Einbildungskraft, die der Schreiber, »ein ungestümer Renner, dessen Feuer gebändigt ist«, fest im Griff habe. Die Schrift sei regelmäßig und methodisch bemessen. Michon kann Bismarck den Respekt nicht versagen, dieser habe wie kaum ein Politiker zuvor Wollen und Denken in die Tat umgesetzt, sich aber auch von der unheilvollen Maxime leiten lassen, dass Gewalt vor Recht gehe. Bekannt ist bis heute Bismarcks Wort, die großen Fragen der Geschichte würden mit »Blut und Eisen« entschieden. Michon nennt

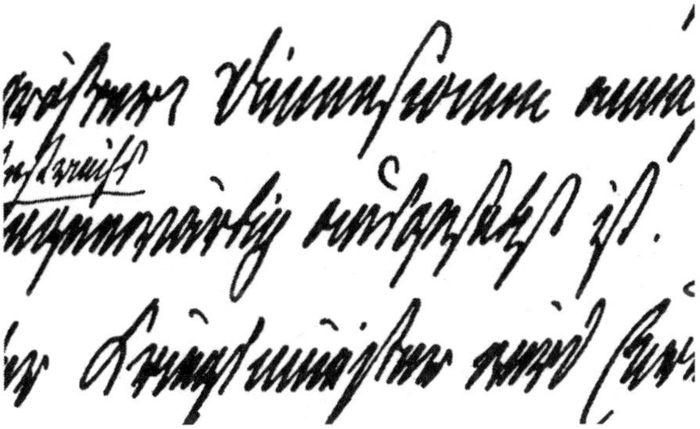

*Abbildung 25: Schriftprobe Otto von Bismarck*

Bismarck einen »Schlagetot und Haltefest« und verweist auf die Wortendungen in der Form ausgesprochener Keulenzüge.

In der Schrift Bismarcks lassen sich die widdertypischen Merkmale studieren: Eile, der pulsierende Rhythmus, die so typische ungemein dranghafte Vorwärtsbewegung, Linearität, das Vorherrschen der Winkel (hier ist stets die Lernausgangsschrift zu beachten – eine Schrift wie die Bismarcks wird sich heute wohl nicht mehr finden). Bismarcks Schrift wirkt enorm verdichtet, die Enge hat ein Maß erreicht, das bei aller verfügbaren Konzentration nicht nur auf Egozentrik, sondern vor allem auf angelegten Fanatismus, auf Verbissenheit schließen lässt. Vor allem wird überdeutlich, dass Bismarck keinesfalls der souverän in sich Ruhende war. Bismarck selbst – auch darin ganz Widder – war so ehrlich zuzugeben, seine Härte sei eine angelernte, er selbst sei ganz Nerven, die Selbstbeherrschung, die er an den Tag lege, sei eine immer wieder mühsam zu erringende. Der scharfe Winkel und die massive Verengung sind hier die offenkundigen Parallelen. So bleibt es nach Knobloch erstaunlich, »wie jemand es fertigbringt, soviel Auftrieb, das heißt auch soviel Erregbarkeit und Dranghaftigkeit in die Hand zu bekommen, und zwar mit gewaltsamen Mitteln, ohne dabei störende Bremseffekte hervorzurufen«. (Knobloch Grafologie, S. 186). Knobloch ordnet die Schrift Bismarck übrigens der Gruppe der »Übersteuerung« zu.

Die Schrift Bismarcks fehlt in kaum einem grafologischen Standardwerk. Sie wird im Folgenden als Beispiel für den autoritären Charakter angeführt. Es finden sich zudem Überlegungen grundsätzlicher Art zum Thema der Schriftenge:

»Daß man vergleichbare Schriften heute unter den jungen Menschen immer seltener findet, hat gar nicht so viel mit der Schulvorlage zu tun, also damit, daß die alte Sütterlinschrift per se winkliger als die gegenwärtige Normschrift ist. Vielmehr ist es eher der Zeitgeist, ist es die zunehmende Indifferenz, welche die geraden, klaren und selbstgewissen Linien zu Gunsten von unklaren, undeutlichen, wechselhaften und richtungsschwankenden Formen minimiert.

Hinzu kommt, daß die bemerkenswerte Enge der Bismarckschen Schrift auf Hemmungen und Ängste verweist, die als negative Komponente beim autoritären Charakter gehäuft zu finden sind, gleichsam als Nebenwirkung eines dominierenden Über-Ichs. In positiver Hinsicht ist die Enge aber auch ein Merkmal der Gehaltenheit, der Zurücknahme und Kontrolle ansonsten nur schwer kontrollierbarer Impulse, besonders, wenn die Schrift rechtsschräg, groß und lebhafter erscheint und also eher auf einen aktiveren Menschen verweist, auf jemanden, der Impulsivität, Dominanz und Initiative ausstrahlt. Dann zeigt die Enge an, daß diese Person sich selber Zügel anzulegen weiß und dieses auch unbedingt tun muß.« (www.graphologie-onlinecom)

Eine so ausgeprägte Winkelschrift ist kaum denkbar ohne eine wie auch immer im Einzelnen gegebene Verbindung von Mars und Saturn. Sie ist im Bild Bismarcks in indirekter Weise, dafür aber gleich mehrfach gegeben. Mars als Regent über die Sonne und MC findet sich im Wassermann, der klassischen Domäne Saturns. Saturn selbst wird dort angetroffen, und die Konjunktion der beiden Planeten ist noch weit, doch applikativ (die Mars/Saturn-Verbindung im sechsten Haus im Wassermann findet ihre direkteste Entsprechung natürlich in der Bismarck'schen Sozialgesetzgebung). Bismarck wurde bei einem abnehmenden Halbmond im Steinbock geboren. Der abnehmende Halbmond selbst hat Steinbockcharakter (wie der zunehmende Halbmond Krebscharakter hat und der Vollmond in Entsprechung zur »Reflexion« der Waage steht). Bedeutsam ist

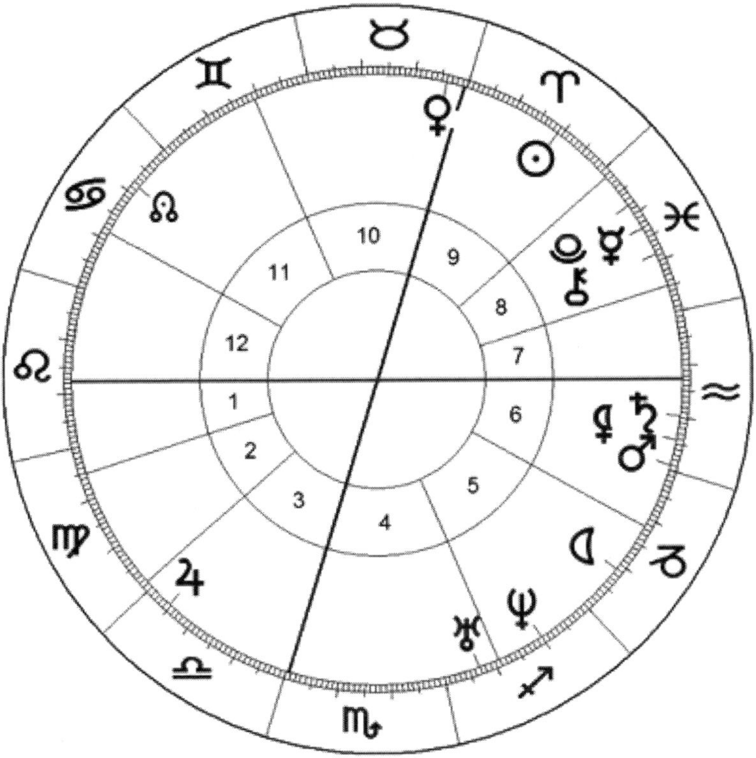


*Abbildung 26: Otto von Bismarck, 1.4.1815, 13:30 h LMT, Schönhausen*

schließlich auch die Konjunktion von Bismarcks Steinbockmond mit dem absteigenden (südlichen) Mondknoten. Die Mondknotenachse auf der Polarität von Steinbock und Krebs ist einem Staatsmann angemessen, der das Werk der nationalen Einigung erfolgreich vorantreiben und abschließen konnte. Bekanntlich aber war die Reichsgründung alles andere als ein demokratischer Akt, Vertreter des Bürgertums waren erst gar nicht zur Kaiserproklamation nach Versailles geladen worden. Die Verbindung von Mond und südlichem Knoten im Steinbock stellte konsequent das konservative gegen das demokratische Prinzip. Der erhebliche Kraftakt, der in dieser

Politik war – man denke etwa an die Sozialistengesetze – hat in der Handschrift Bismarcks seinen sprechenden Niederschlag gefunden.

## Karin

Vitalität – Unterlänge – Verhäkelungen

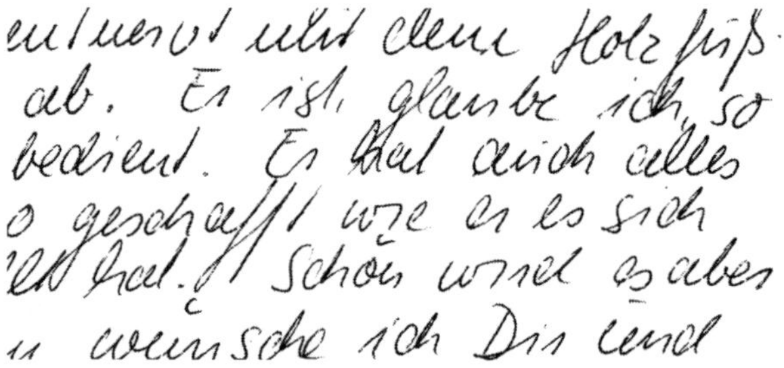

*Abbildung 27: Schriftprobe, Karin, ca. 28 Jahre*

Zum Vergleich dazu die Handschrift einer im Widder geborenen Frau (AC Schütze, Sonne im dritten Haus). AC-Herrscher Stier im Haus 5). Wir sehen auch hier das kontinuierlich gehaltene »Pulsieren«. Gegenüber der vorherigen Schrift von Heribert ist der Winkel zurückgenommen, er erscheint aber hier und dort in markanter Form (»i«, Zuspitzung des »r« – siehe »Dir«). Ähnlich wie im oberen Schriftstück ist auch hier die Prägnanz der Großbuchstaben gegeben, wie sie in Widderschriften häufig anzutreffen ist. Stärker noch tritt hier die Tendenz zur Vereinfachung der Formen zutage (formreduziertes »r«, keine t-Querstriche). Auch hier also das eingehaltene Regelmaß, wobei der Ablauf flüssiger erscheint.

Zwar ist der Ablaufrhythmus fließender, gleichwohl ist das Bild nicht ohne Hinweise auf verdeckte Probleme der Schreiberin. Sie finden sich angezeigt durch die tiefreichende Unterlänge, die wiederholt zu Verhäkelungen der Ober- und Unterzeile führt. Wie so oft ist das Deutungsschema weit gefasst und reicht von Verunklarung der Beziehungen über Kontaktabhängigkeit bis hin zu einem grundlegenden Mangel an Selbstständigkeit.

Dem Außenstehenden gegenüber wusste die Schreiberin ihre Probleme weitgehend verborgen zu halten, diesem blieb meist der Eindruck einer aktiv-vitalen Persönlichkeit. Hier verhilft das Geburtsbild zu weiterer Klarheit. Im Horoskop der Schreiberin steht der Mond im Skorpion im Quadrat zu Pluto und in Opposition zu Jupiter (Pluto im T-Quadrat zu Mond und Jupiter). Diese

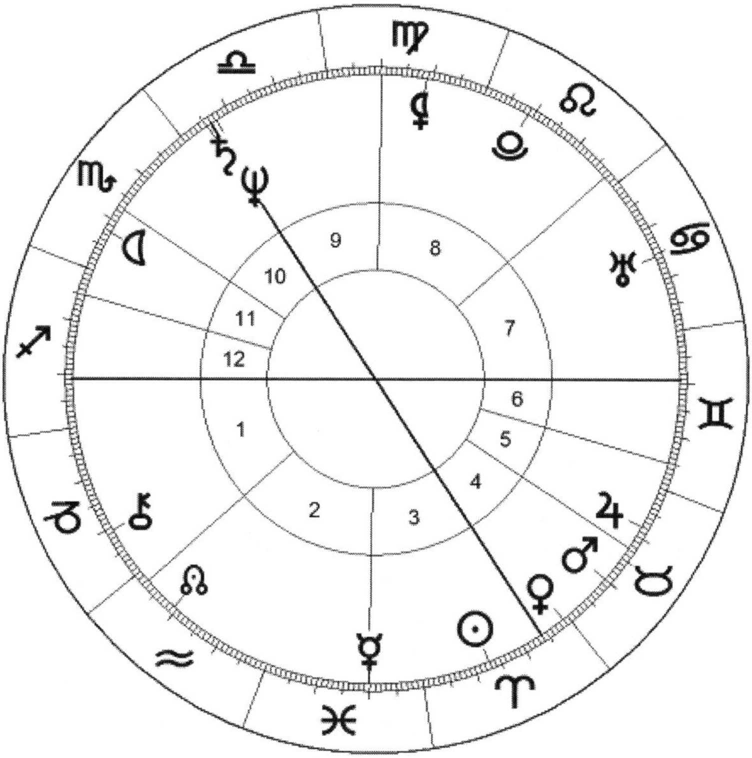


*Abbildung 28: Horoskop Karin*

Konstellation war zur Zeit der Abfassung des Schreibens ausgelöst (Direktüberlauf Plutos), mithin die gesamte Konstellation. Ein derart herausgeforderter Skorpionmond zeigt die Neigung zu emotionaler Sicherheit an, in verstärkter Form die Angst, solche Sicherungen könnten verloren gehen.

Zur Vervollständigung des Bildes gehört auch der Hinweis auf die Konjunktion von Saturn und Neptun auf dem MC. Die Native hatte lange Jahre mit Verlustängsten zu kämpfen (darunter Ängste um die Sicherheit der Kinder – die Mond/Pluto/Jupiter-Konstellation verbindet die Häuser elf, acht und fünf). Mit dem Zeitpunkt der Auslösung der Saturn/Neptun-Konjunktion traten zu den schon bestehenden emotionalen Verunsicherungen Ängste, die sich zu Phobien auszuwachsen drohten. Es ergaben sich in der Folge neue Herausforderungen dank einer grundlegenden Lebensumstellung (vor allem Wechsel des Wohnortes mitsamt durchgreifender Verbesserung der Wohnsituation – Erwerb von Wohneigentum). Sie führten zu einer erfolgreichen Bewältigung der angelegten Probleme. Diese konnte vor allem wegen der im Schriftbild klar gegebenen Vitalität und grundsätzlichen Lebenszuversicht gelingen.

## Vincent van Gogh

### Rhythmusstörungen

Zwecks weitergehender Illustration des Widderthemas ein Blick auf die Handschrift van Goghs (Widder-Sonne, AC Krebs):

Van Gogh hat Hunderte von Briefen geschrieben, einen bedeutenden Teil an seinen Bruder Theo in den Niederlanden. Dass van Gogh ein geübter Schreiber war, ist unschwer festzustellen (u.a. ökonomische Vereinfachungen). Wir vermerken aber Rhythmusschwankungen: So zeigt sich etwa ein deutlicher Wechsel von Verbundenheit zu Unverbundenheit. Die bei typischen Widderschriften eher geringen Wortabstände sind hier kaum gegeben, eher schon die widdertypischen markanten Längenunterschiede. Auch die eingangs vermerkten Vereinfachungen sind bei Widdern in der Regel anzutreffen, sie dienen der

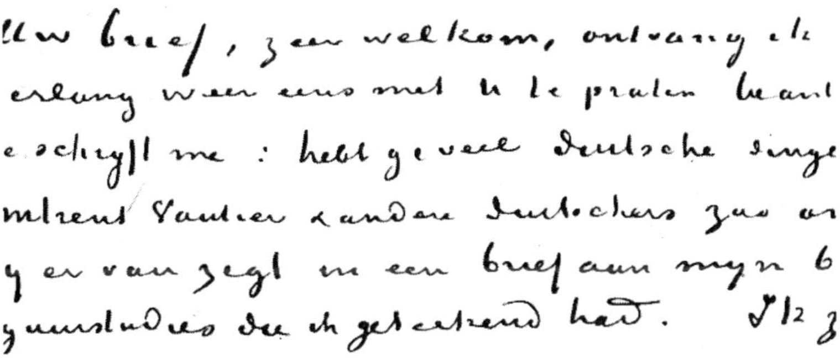

*Abbildung 29: Brief von Vincent van Gogh*

angestrebten Straffung des Ausdrucks. Die widdertypische Schärfe tritt zurück, es entfällt die bei widderbetonten Schriften so charakteristische Bindungsform des Winkels (an anderer Stelle noch eingehender zu betrachten). Stattdessen zeigen sich wiederholt Teigigkeit und Völle, wie sie gewöhnlich in der krebstypischen Handschrift zu finden sind. Stärker ins Gewicht aber fällt der offenkundige Wechsel im Druck. Der Schreiber schwankt zwischen Entschiedenheit und Labilität. Der Druck spiegelt u.a. die Umweltbeziehung in der Form der Überwindung von Widerständen. Da das Sicherproben an Widerständen der Außenwelt so bestimmend für den Widder ist, gewinnt gerade bei diesem Sonnenzeichen der Blick auf das Thema des Drucks an Bedeutung. Bei van Gogh wird die Eindrucksfähigkeit offensichtlich erkauft durch einen Verlust an vitaler Spannkraft.

## Antonia

Faden – wechselnde Schriftgröße

Die Schreiberin hat einen Steinbock-AC, eine Schütze-Sonne im elften Haus und einen Widdermond im dritten Haus. Der AC-Herrscher befindet sich im neunten Haus in der Waage in nahezu gradgenauer Konjunktion mit Neptun. Das fünfte Septar, nachstehend

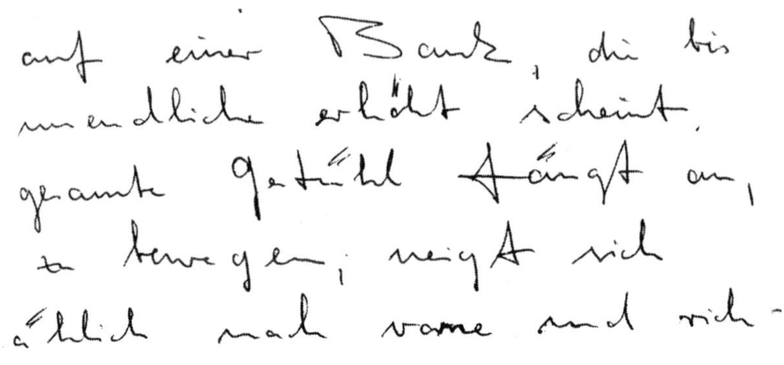

*Abbildung 30: Schriftprobe Antonia, 30 Jahre*

wiedergegeben, erfasst in thematischer Hinsicht die Inhalte des fünften Hauses in Vergrößerung, daneben stellt es die detailliertere Ausleuchtung des fünften Lebensjahrsiebtes dar.

Der Brief wurde fast genau zwei Jahre nach Einsetzen der zeitlichen Wirkung des Septars verfasst.

Das Schriftbild zeigt denkbar widersprüchliche Elemente. Neben Formfestigkeit steht Formvernachlässigung (»bewegen«, Buchstabenverkümmerungen bis hin zur Auflösung – siehe das »e« in »unendliche«, zweite Zeile, oder das »s« in »Gestühl«). Winkelzüge wechseln sich ab mit Fadenzügen, auf straff-gespannte Federführung (das »f« in »fängt«) folgt Schreibverunsicherung (siehe die beiden letzten Wörter: Verklecksungen, Verschmierungen, Druckwechsel). Demonstrative Akzentuierungen (z.B. Striche über den Umlauten) stehen einem plötzlichen Nachlassen der Spannkraft gegenüber. Schroff-aggressiv ausfahrende Bewegungen gehen ins Leere und werden von eher laschen Gesten gefolgt. Nicht zuletzt ist es der massive Wechsel in der Größe, der so sehr irritiert – siehe vor allem das allzu mächtig aufgebauschte »B«.

Man sieht, dass das weitgehend gestörte Form- und Raumbild eine Folge des Versuches ist, der eigenen Labilität durch einen Willensakt entgegenzusteuern. Es zeigt sich anders gesagt also das Bemühen, der Versuchung der neptunischen Auflösung die Stabilität des Saturnischen entgegenzusetzen. Saturn steht im Septar in exakter Konjunktion mit der Sonne, es wundert folglich nicht, dass er diesen willentlich durchgehaltenen Steuerungsimpuls tragen konnte. Aber auch hier wurde die Schreiberin von der damals ständig präsenten Saturn/Neptun-Thematik eingeholt, denn die Sonne/Saturn-Konjunktion fällt auf die Spitze des zwölften Hauses, und Saturn ist Zweitherrscher über das erste Haus (dank des dort eingeschlossenen Steinbocks).

Man hat hier die Gelegenheit zu sehen, dass es im Schriftbild die absolute (messbare) Größe gibt und die relative. Letztere bezieht sich auf die Beziehungen der Einzelkomponenten zueinander: Verhältnis der einzelnen Zonen, Relation von Klein- und Großbuchstaben, von Anfangs- und Endbuchstaben etc. Diese Schrift versucht den (nicht auszuhaltenden) Spagat von Ich-Expansion (Flucht in die Größe) und Selbstbeschränkung (Reduzierung der Schriftgröße bis ins Extrem). Der Schluss, dass die Schreiberin ungewöhnlich starken Schwankungen des Selbstwertgefühls ausgeetzt war, ist wohl zwingend.

Auffällig ist auch, dass hier manches im Leeren zu stehen scheint – siehe die im Schriftraum wie verloren wirkenden Wörter. Mit Blick auf das Thema Wortabstand ist ergänzend zu sagen, dass ein relativ großer Abstand zwischen den einzelnen Wörtern heute häufiger als in vergangenen Jahrzehnten zu finden ist – ein wohl deutlicher Hinweis auf die wachsende Anonymität in der Massengesellschaft. Zu diesem Thema ein griffiges Wort von H. Ploog: »Wie das Wort in der Wortgemeinschaft, so der Mensch in der Menschengemeinschaft« (Ploog, Grundkurs Graphologie, Bd. 4). Knobloch zufolge ist die Bedeutung des Wortabstandes stärker zu gewichten als die des Zeilenabstandes, da er unbewusster zustande komme. Ist, wie hier, ein großer Wortabstand in Verbindung mit einem großen Zeilenabstand gegeben, so wird man von einer bewussten Distanzierung sprechen können – eine Distanzierung sowohl nach außen wie nach innen. Der gewählte Abstand verschafft Überblick. Er wird als Zurückweisung der Außenwelt erfahren, ist aber oft eine problematische Form der Ich-Behauptung. Hier kommt hinzu die Steilheit der Schrift, die den Gesamteindruck der Rigidität bestätigt.

Sind sowohl Zeilenabstand wie Wortabstand gering, so ist der Wunsch nach vermehrter menschlicher Zuwendung anzunehmen. Komplexer wird das Bild, wenn ich einen engen Wortabstand bei großem Zeilenabstand oder umgekehrt vorfinde. Im erstgenannten Fall wird man von einem vorhandenen Begegnungspotenzial bei persönlicher Distanzierung sprechen. Ist hier die Umkehrung gegeben – großer Wortabstand bei kleinem Zeilenabstand – wird man ausgehen können von einem Wunsch nach Nähe bei nicht gegebener Kontaktfähigkeit (»betonte Geselligkeit bei innerer Abseitigkeit« – Ploog, Grundkurs Graphologie). Grundsätzlich lässt sich sagen, dass das Thema Wort-

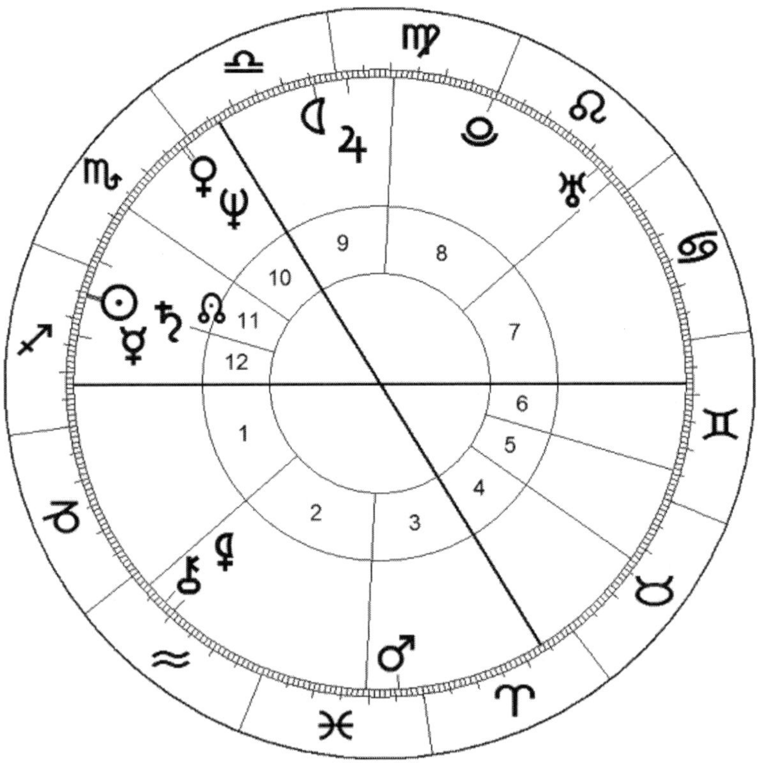


*Abbildung 31: Antonia, Septar V*

und Zeilenabstand mit Blick auf das Kontaktverhalten des Betreffenden Erhebliches mitzuteilen weiß.

Im Septar V ist Mars im dritten Haus klar exponierter Spannungsherrscher, durch seine Opposition auf Jupiter geneigt zu Auseinandersetzungen mit rechthaberischem Einschlag. Die mal verdeckten, mal offen-aggressiven Impulse, die im Schriftbild sichtbar werden, sind aber nicht »durchschlagender« Natur. Mal ist die Endbetonung markant (»keulenförmiger Endstrich« – siehe die Wortenden auf »t«), mal zeigen Endverminderungen die plötzliche Rücknahme des Selbstbehauptungswillens an. Die auffälligen Wechsel lassen jedenfalls zwingend auf Unsicherheiten und Diskontinuitäten im Verhältnis der Schreiberin zu ihrem Umfeld schließen.

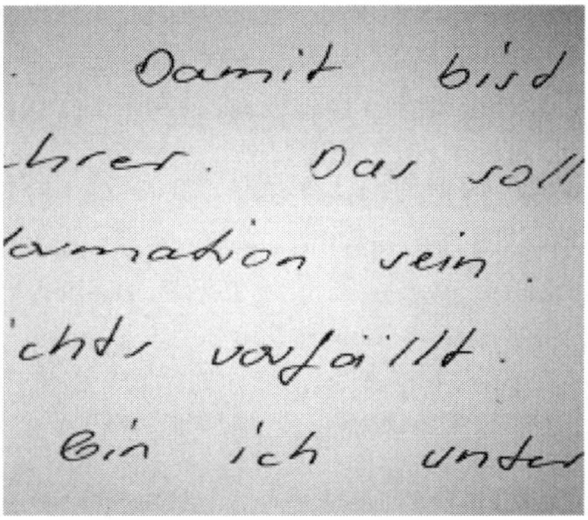


*Abbildung 32: Weiträumige Schrift*

Zum Vergleich diese Schrift: Wir haben es mit einer Löweschrift zu tun. Auch hier dominiert Weiträumigkeit. Hier aber erscheint der Raumanspruch natürlicher als in der vorhergehenden Schrift. Anders als man denken könnte, ist die Schrift des typischen Löwen nicht sonderlich groß, oft gar verhältnismäßig klein. Dennoch wird in der Regel die natürliche Ich-Präsenz des Löwen in seiner Schrift zum Ausdruck gelangen. Der Leser wird bei dieser Schrift die Ich-

Distanzierung des Schreibers verspüren können, sie vielleicht auch als Reserviertheit empfinden. Möglicherweise hat er dies auch mit den hier gegebenen Arkaden in Verbindung gebracht, von denen es ja meist heißt, sie wiesen hin auf Vorsicht, Umsicht und überlegte Distanz. Die Schrift ist konzentriert, doch alles andere als starr oder gehemmt. Auch erscheint sie bei näherer Betrachtung keineswegs kalt – siehe u.a. »bin«.

Mit Blick auf das Thema »Löwe/Raumbild« siehe auch das Schriftbeispiel Joachim, Seite?

## Maximilien Robespierre

Druck

Wir sehen die Schrift des Führers des Wohlfahrtsausschusses in der Französischen Revolution, Maximilien Robespierre. Robespierre war zu Beginn der Revolution ein weitgehend Unbekannter, doch gelang es ihm, die Staatsführung in den Jahren des Schreckens in die Hand zu nehmen. Er war verantwortlich für den massenhaften Einsatz der Guillotine, die im Juli 1794 auch das eigene Opfer und das des gesamten Wohlfahrtsausschusses fordern sollte. Das Schreiben stammt aus dem Jahr 1793 (siehe die dritte Zeile: »… l'an 2 de la république …« – »… im zweiten Jahr der Republik …«). Robespierre stand auf dem Höhepunkt seiner Macht.

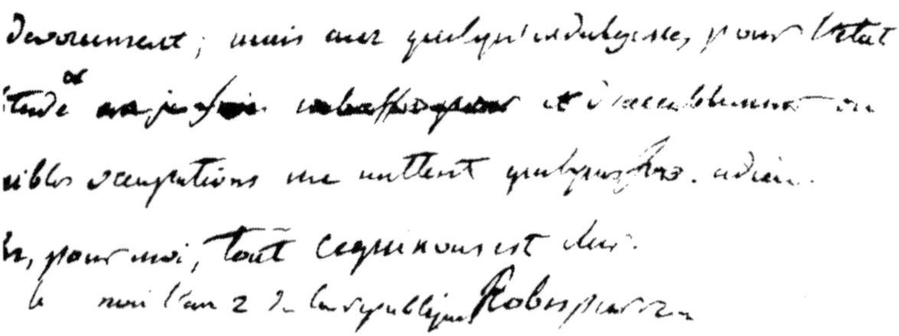

*Abbildung 33: Schriftprobe Robespierre*

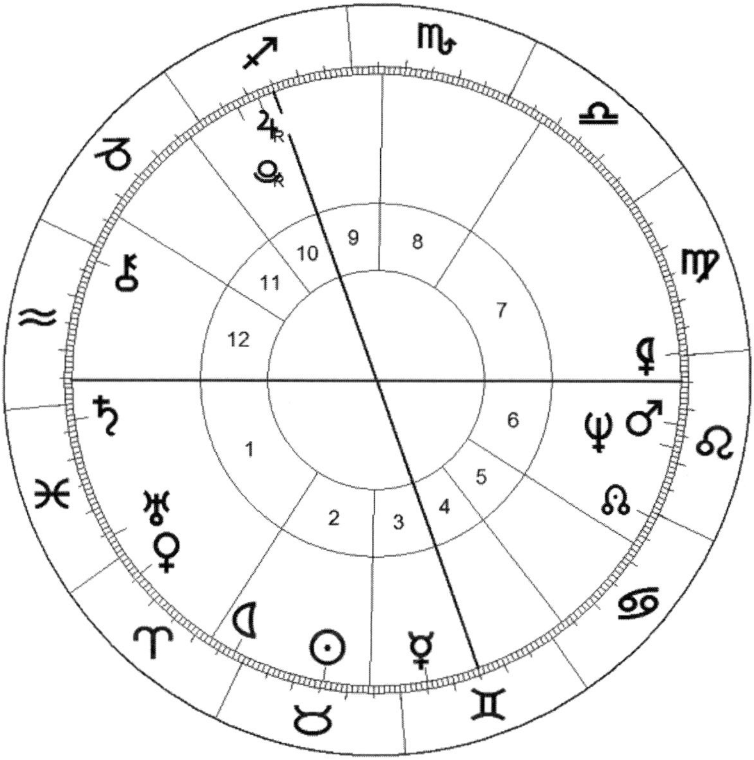


*Abbildung 34: M. Robespierre, 6.5.1758, Arras, 2:00 h, Ortszeit*

Im Radixhoroskop ist ein Wassermann-AC (um die 25 Grad) gegeben, Uranus steht in den Fischen im ersten Haus. Die Sonne (Stier) und der Mond (Widder) befinden sich im zweiten Haus – wir haben es somit im Kern mit dem Versuch zu tun, eine Utopie (die der Gleichheit und Freiheit) in die sichtbare Realität umzusetzen, sprich in eine idealisierte Gemeinschaftsform einzubringen. Diese sollte nach der laut Robespierre unumgänglichen Schreckensphase in eine Gemeinschaft münden, in welcher alle »niedrigen« Eigenschaften überwunden sein würden und in der Tugend und reine Vernunft regieren sollten.

Der erste Planet in dieser Sequenz im ersten Quadrant aber ist der klassische Herrscher des Wassermann, Saturn, der unweit des Aszendenten steht. Im zehnten Haus schließlich stehen Jupiter und Pluto im Schützen, Pluto im genauen Quadrat zu Uranus. Wir haben es mit einer unumstößlichen Gewissheit im Weltanschaulichen zu tun, einer Gewissheit, die sich anschickt zur nationalen Norm zu werden und mit aller Strenge darangeht, das Unbedingte durchzusetzen, dabei sich gesichert und legitimiert sieht als Träger kollektiver Werte. Jupiter im Verbund mit Pluto im zehnten Haus: die totalitäre Herrschaft des wertmäßig normierten Rechts.

Wenn ein Merkmal wie das der so markanten t-Striche sich in derart auffälliger Weise in den Vordergrund drängt, wird man ihm gebührende Achtung entgegenbringen. Doch auch hier gilt es den Kontext zu wahren – und dies heißt für uns auch, den Zusammenhang mit dem Geburtsbild im Blick behalten.

Was hier so hervortritt, ist weniger die Tatsache der Schwankungen im Druck selbst als vielmehr die Verlagerung des Drucks nach oben. Von einer Druckverlagerung sprechen wir dann, wenn der Druck nicht, wie üblich, im Abstrich, sondern im Aufstrich ausgeübt wird, auch dann, wenn er sich in untergeordneten Schriftelementen findet – so wie bei Robespierre in den so massiven t-Strichen. Davon, dass wechselnder Druck einen unausgeglichenen energetischen Einsatz nahelegt, vor allem auch die Neigung zu Affekten und Affektentladungen, war schon die Rede. Robespierre war im Stier geboren, und der applikative Neumond im zweiten Haus gab dem Drang nach der Sicherung der von ihm autoritär bestimmten Gemeinschaftsform einen mächtigen Schub. Das bei Robespierres Schrift so Prägnante aber ist die Umkehrung der Verhältnisse. Der vitale Drang ist von unten nach oben verschoben worden. Um es anders und griffiger zu sagen: Die vitalen Fundamente sind verlagert worden. Robespierre, genannt der »Unbestechliche«, lehnte jede Form des (in seinen Augen) übermäßigen Genusses ab, er lebte bescheiden, verachtete einen jeden zutiefst, der mit der Revolution Geschäfte machte. Seine »Substanz« war die des Ideals, der Ideologie der Gleichheit. Gerade diese Schrift ist instruktiv, ihre eingehende Betrachtung lehrt anschaulich, dass das Ideal an Geist eingebüßt hatte und zu einem lastenden Druck geworden war. Man achte auf das Wort

»tout« und seine ans Bedrohliche reichende Formgebung – Ausdruck der totalitären Gesinnung.

## Franz Joseph

Bewegungsbild – Zeilenführung – Druckstärke – Strichbildung

Ungefähr ein Jahr vor der Abfassung des Schriftstückes hatte der Betreffende erfolglos sein Studium der Rechtswissenschaft abgebrochen, sehr zur Enttäuschung des fordernden, konservativen Vaters. Dieser war selbst Jurist – im Horoskop vertreten durch die Sonne als Regent über Haus vier im Steinbock. Wir haben es mit einem exakten Vollmond zu tun, wobei die Sonne auf dem 18. Grad Steinbock von Mars/Saturn-Qualität ist, während der Mond auf einem Grad mit Mond/Saturn-Prägung steht (Zuordnung der Grade nach W. Döbereiner). Wichtig ist zudem der Hinweis auf die Spiegelung des Mondes auf den AC. Der stark lunar bestimmte Aszendent des Horoskopeigners suchte seine Entsprechungen in der Kultur der Romantik, nicht zuletzt auch in der Musik Richard Wagners. Bezeichnend ist, dass der Schreiber auf diesem Felde hilfreiche persönliche Orientierung durch ein Mitglied von Rang der Richard-Wagner-Gesellschaft erhielt. Dieser war, dem Nativen kaum bewusst, für den Außenstehenden dagegen klar ersichtlich, zum Kontrapunkt des Vaters geworden. Offenbar hatte sich der Sohn den Anforderungen seitens des Vaters entzogen und sich einer anderen Autorität versichert.

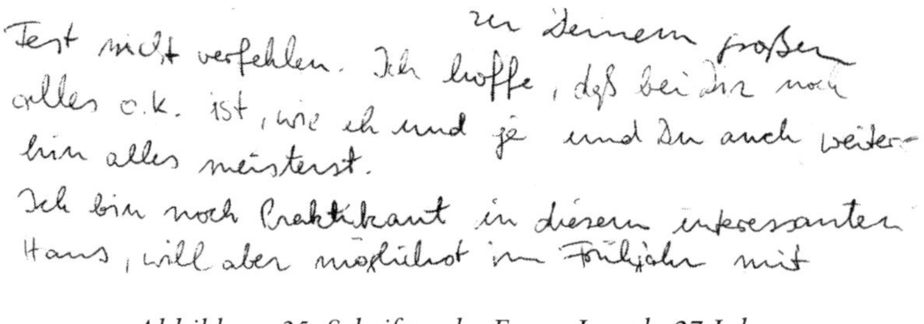

*Abbildung 35: Schriftprobe Franz Joseph, 27 Jahre*

Das Horoskop zeigt eine exakte Jupiter/Uranus-Konjunktion im dritten Haus in Opposition zu Merkur und im Quadrat zu Neptun, wohl ein deutlicher Hinweis auf zu erwartenden Diskontinuitäten im Studium. Vermutlich zeigten sich die ersten Probleme beim Direktüberlauf des Uranus im Siebenerrhythmus (Bewegung im Uhrzeigersinn). Der Zeitraum von 21 bis 28 untersteht (wiederum im Uhrzeigersinn gesehen) dem Uranus, der sich mitsamt den angebundenen Planeten ca. ein Jahr später auslöst. Dies beendete das Studium. Im Anschluss hieran begann der Betreffende eine Ausbildung in einem heilpflegerischen Beruf. Unter den Transiten, die zur Zeit der Abfassung dieser Zeilen eine vordringliche Rolle spielten, ist die Konjunktion der laufenden Planeten Saturn und Pluto mit dem Radix-Neptun hervorzuheben (Neptun im T-Quadrat zur Jupiter/Uranus Opposition auf Merkur).

Das Schriftbild zeigt deutlich, dass es zu jener Zeit an der für ein erfolgreiches Studium nötigen Konstanz und Energie fehlte. Der Ablaufrhythmus ist klar gestört. Der gesamte Bewegungsablauf weist mangelhafte Dynamik auf. Ins Auge fallen vor allem die Druckschwankungen – siehe vor allem den völligen Druckabfall beim Wort »Pflegeausbildung« oder bei den direkt aufeinanderfolgenden Wörtern »Ich« und »hoffe«. Der Schreibdruck ist der wohl unmittelbar vitale Ausdruck seelischer Selbstentfaltung, gleichzeitig direkte Manifestation des Willens. Problematischer als eine eher druckschwache Schrift ist eine solche, die starken Schwankungen des Druckes unterworfen ist. Ein völlig gleichmäßiger Druck ist schon aus Gründen der Physiologie des Schreibaktes nicht möglich (z.B. wegen des unterschiedlichen Druckes bei Auf- und Abstrich). Aber ein so offenkundiges Schwanken zwischen stärkerer und schwächerer Entfaltung weist auf eine unausgeglichene Gefühlslage hin, damit verbunden auf ein ungesichertes Selbstvertrauen.

Auch fallen wiederholte Wechsel in der Schriftlage auf. Dazu kommt ein teilweiser schlaffer Strich. Zwar ist die Schrift noch im Wesentlichen gesteuert, aber Bewegungs- und Formbild wollen sich nicht zu einem übezeugenden Ganzen fügen. Die Schrift ist in Teilen formunbestimmt, wenn auch die Grenze zur Formauflösung nicht überschritten wird. Auffällig ist zudem die Ungleichmäßigkeit in der

Zeilenführung. Tendenziell ist sie fallend, damit aber verrät sie eine wenig optimistische Grundstimmung. Dazu kommt die wellenförmige Bewegung. Auch sie lässt Stimmungsabhängigkeit und mangelnde Geradlinigkeit erkennen. Jedenfalls verstärkt sie den Eindruck einer zumindest zeitweise labilen Persönlichkeit.

Die große Mehrheit der Grafologen sieht gerade in der Strichbildung die Substanz der Persönlichkeit gegeben. Folgen wir Pokorny, dann hat die Strichdiagnose »grundsätzlich größere Bedeutung für die Persönlichkeitsanalyse als die meisten anderen morphologisch unterscheidbaren Schriftmerkmale«. (Pokorny, S. 146). Hier darf der

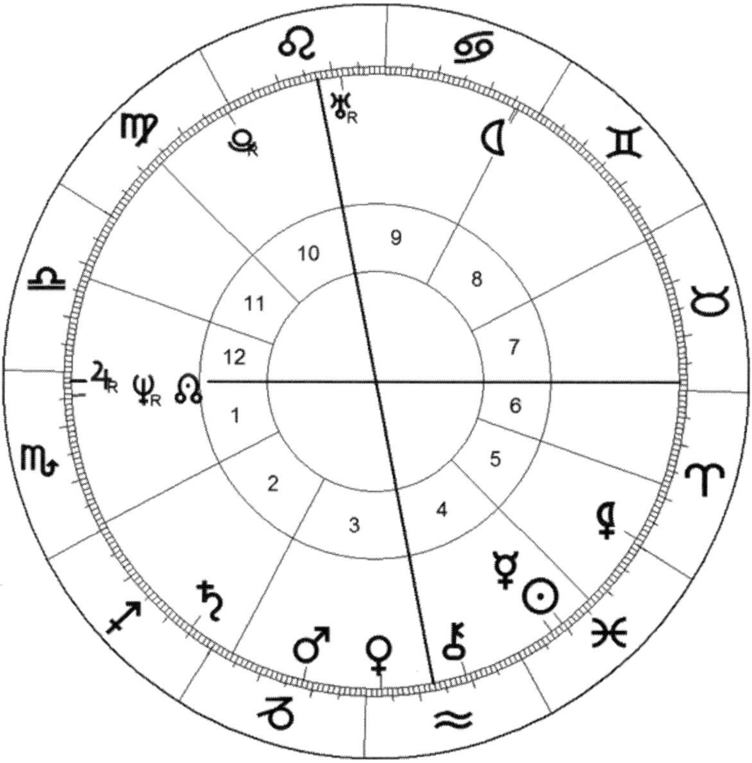


*Abbildung 36: Horoskop Franz Joseph*

Hinweis nicht fehlen, dass die Feinheiten der Strichbildung nur anhand des Originalschriftstückes erkennbar werden. Die Feinstrukturen des Striches zeigen sich häufig erst unter der Lupe, die jeder Grafologe zur Hand haben wird.

Man sieht aber auch, dass die Schrift alles andere als seelisch unlebendig ist. Ebenso deutlich aber wird dem Betrachter, dass der Schreiber gut daran getan hat, den Weg zu verlassen, der ihn in ein Juristendasein hätte führen sollen.

## Thorben

Bewegungsbild – Formbild

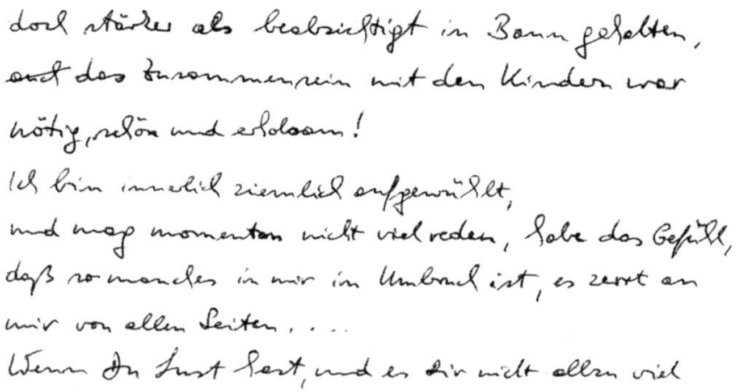
doch stärker als beabsichtigt in Bann gehalten,
auch das Zusammensein mit den Kindern war
nötig, schön und erholsam!
Ich bin innerlich ziemlich aufgewühlt,
und mag momentan nicht viel reden, habe das Gefühl,
daß so manches in mir im Umbruch ist, es zerrt an
mir von allen Seiten, . . .
Wenn Du Lust hast, und es dir nicht allzu viel

*Abbildung 37: Schriftprobe Thorben, ca. 35 Jahre*

Der Schreiber hat einen gradgenauen Neumond im vierten Haus in den Zwillingen. Der AC befindet sich auf den letzten Graden des Steinbocks, der Wassermann ist zur Gänze im ersten Haus. Man sieht auf den ersten Blick einige der geläufigen Merkmale der typischen Zwillinge-Signatur: die überwiegend runde Bindungsform, die mitunter in den Faden übergeht, dazu die Tendenz zu starker Gebundenheit.

Ein Neumond bindet in besonderer Weise an das Sonnenzeichen, er schafft ein starkes Maß an subjektiver Verhaftung an das eigene Zeichen

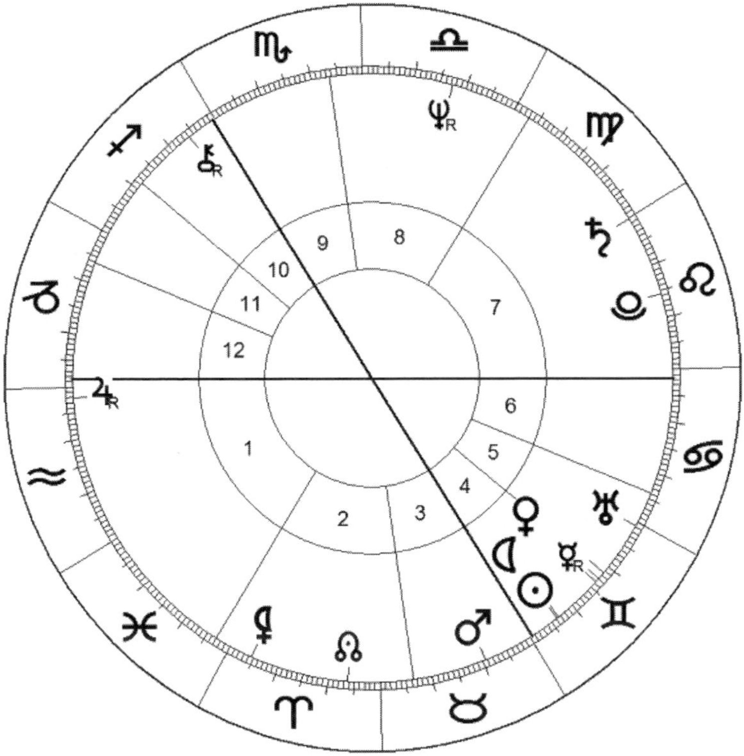


*Abbildung 38: Horoskop Thorben*

mit der Folge, dass sich mangelnde Reflexionsfähigkeit, im Krisenfall auch Sturheit und Blindheit gegenüber anderen Lebensformen einstellen können. Die Folge der im Neumond aufgehobenen Spannung zwischen dem Solaren und Lunaren ist nicht selten, dass offenkundige Alternativen gerade in entscheidenden Lebenssituationen nicht wahrgenommen werden.

Wir haben eine Schrift vor uns, deren Bindungsform zum Faden tendiert – siehe u.a. das mehrmalige »und« (eine reine Fadenschrift ist selten anzutreffen). Zur Erinnerung: Der Begriff Bindungsform bezeichnet die Art der Strichführung, in welcher die Grundstriche der

Kurzlängen miteinander verbunden werden. Dies sind vor allem die Buchstaben i, m, n, u, v, w). Der Faden kommt in keiner Schulvorlage vor. Es handelt sich im Grunde um eine Bewegung in die Richtung der Formenauflösung. Der Faden hat etwas Verwaschenes, Unbestimmtes an sich. Naturgemäß ist seine Deutung schwierig.

Der Faden kann gesehen werden als ein Mittel zurückhaltender Andeutung, indirekter Mitteilung, aber auch als Versuch, die Dinge in der Schwebe zu halten, ihnen (noch) keine bestimmte und verpflichtende Form zu geben. Gerade weil hier etliches an Deutungsmöglichkeiten zusammenkommt, ist ein genaues Hinsehen vonnöten. Ist der Faden ein »stabiler« oder ein »fortgeschrittener«, d.h. ein der Formauflösung zustrebender? Oder ist es ein »Eilefaden«?

Beim näheren Blick auf die Strichführung sehen wir, dass wir einen solchen hier nicht vor uns haben. Wir finden Vielseitigkeit neben Vieldeutigkeit, jeweils in mannigfaltiger Form. Schlägt das Gesamtniveau ins Negative um, greift Auflösung in allen denkbaren Formen um sich. Doch auch das »Dämonische« im Sinne Goethes kann beim Faden zum Vorschein kommen, verbunden mit magischen oder auch mystischen Begabungen. Oft ist auch Suggestivität (wiederum auf unterschiedlicher Niveaustufe) am Werk, im pathologischen Fall sehen wir die Fixierung auf irreale Zielvorstellungen gegeben. Die Fadenschrift darf keineswegs in schablonenhafter Weise als Anzeichen einer generellen Schlaffheit gewertet werden. Aber sie ist doch oft ein Hinweis auf Unentschiedenheit, auf die Neigung, notwendigen Weichenstellungen aus dem Weg zu gehen – dies aber unter der Voraussetzung, dass wir es eher mit einem labilen Faden zu tun haben. Es fehlt dann nicht notwendig an Vitalität, sondern eher an dem notwendigen Maß an Entschiedenheit, an »Dezisionismus«.

Der Schreiber spricht von innerer »Aufgewühltheit«. Es ist richtig, bei der Deutung grundsätzlich vom Inhaltlichen abzusehen (dies ist der Grund, warum der Leser in diesem Buche ausschließlich Ausschnitte aus den jeweiligen Schreiben zu sehen bekommt). Dies bedeutet natürlich nicht, dass die zeitweise Stimmungslage des Schreibers unberücksichtigt bleiben sollte. Im Hintergrund standen hier die seit Jahren ungelösten partnerschaftlichen Verwicklungen und Verstrickungen des Schreibers. Das Problem des Schreibers:

Der »Umbruch«, in dem er nach eigener Aussage steht, hat sich über die Jahre zu einem permanenten Zustand ausgewachsen. Im siebten Haus des Nativen stehen Pluto und Saturn, die zur Zeit dieses Schreibens in rhythmischer Abfolge ausgelöst wurden. Wir finden im Gesamteindruck Wendigkeit und die für den Zwilling typische Intelligenz in des Wortes engerer Bedeutung (»intelligere« = verbinden – siehe den Verbundenheitsgrad!). Der Gesamteindruck aber wird nachhaltig gestört durch massive Verschiebungen im Druck, durch gelegentliche Verschmierungen und durch Deckzüge (z.B. in »als« und »momentan«). Es finden sich reichlich Hinweise auf Nervosität, Unstetigkeit sowie auf unzulänglich verarbeitete Frustrationen. C. Jäger/R. Harder sprechen im Hinblick auf die Fadenschrift treffend von der Ungeformtheit des Lebensstromes. Die ergänzend genannten Merkmale verstärken den Eindruck. In augenfälliger Weise treten die Probleme zutage, die ein Neumond in den Zwillingen mit sich bringen kann. Im Horoskop des Nativen stehen zudem Venus, Merkur und Uranus in diesem Zeichen.

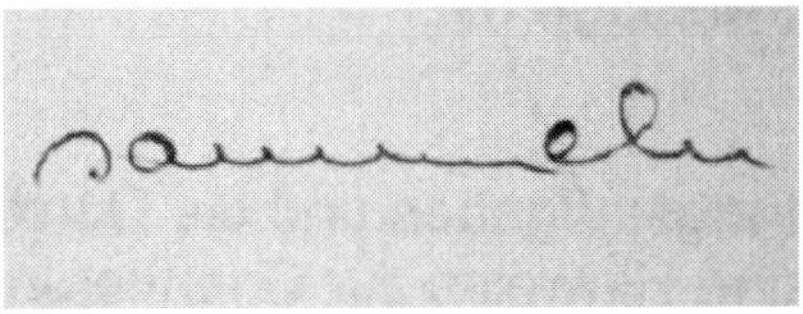

*Abbildung 39: Faden*

Dass der Faden sehr unterschiedliche Formen annehmen kann, lässt sich an dem obigen Beispiel demonstrieren (Sonne im Schützen, Mond im Widder, vermutlich AC im Wassermann). Hier geht die Girlande über in den Faden. Die Strichführung zeigt hier keinerlei Erschlaffung, sie hält die »eutonische« Spannung durchgehend aufrecht. Es wäre gerade hier ein schwerwiegender Fehlgriff, von Labilität zu reden. Dies gilt um so mehr, als der Faden, sofern er dominant auftritt, den Betrachter dazu verführt, die gesamte Deutung aus diesem Merkmal abzuleiten. Das obige Einzelwortbeispiel lässt auf eine eher rasche

Schrift schließen. Wir sehen einen aktiven Eilefaden bei ausgeprägtem Bewegungsfluss. Anders das Bild des vorhergehenden Schreibers. Die genannten Stockungen (Deckzüge, »Redundanzen«, Verschmierungen) sprechen eine klare Sprache. Es ist also unbedingt ein Auge darauf zu haben, ob wir es mit einer freien Bewegung oder mit einer nur vordergründig agilen Schrift zu tun haben. Ist der Schriftzug eher flüssig und ungehindert, wird er einhergehen mit Beweglichkeit, Unternehmungslust und Aktivität. Hinzu kommt, dass der Faden begleitet wird von einer überdurchschnittlichen Schriftweite. Sie gilt gemeinhin als Hinweis auf den Drang auf offene Horizonte, auf die angestrebte Ausweitung des persönlichen Lebensraumes (wir sehen die Analogie zum Schütze-Thema im Besonderen und zu den veränderlichen Zeichen im Allgemeinen). Dann aber wird – auch aus dem Beispiel ersichtlich – bei der weiten Schrift der Drang in die Flucht nach vorne erkennbar. Der Blick ist dann nach vorne gerichtet, und ein ausgeprägter »Progressismus« verwehrt allzu oft den Blick zur Seite, gerade deswegen, weil er in der Gefahr steht, sich ganz der Mobilität zu überlassen. Folglich ist im Falle des »stabilen« Fadens damit zu rechnen, dass die hier angedeutete Konsequenz im Handeln zu erkaufen ist durch einen Verlust an Empathie. Grundsätzlich gilt, unabhängig von der jeweiligen Beschaffenheit des Fadens, dass mit ihm der Drang gegeben ist, sich einen freien Bewegungsraum zu erhalten, zudem festeren Bindungen möglichst aus dem Weg zu gehen. Es sollte unschwer erkennbar sein, dass wir hier mit Gewandtheit und Diplomatie rechnen dürfen, im problematischen Fall aber auch mit einem Mangel an eindeutiger Stellungnahme bis hin zur Möglichkeit des nackten Opportunismus.

## Prinzessin Diana Spencer

Fülle/Teigigkeit – Strichführung – Linksläufigkeit

»Eine typische Frauenschrift!«, mag sich mancher Leser angesichts des Schriftbildes sagen. Doch hier ist Vorsicht angesagt – zum einen gibt es (natürlich) nicht die »typische« Frauenschrift (wie sähe die

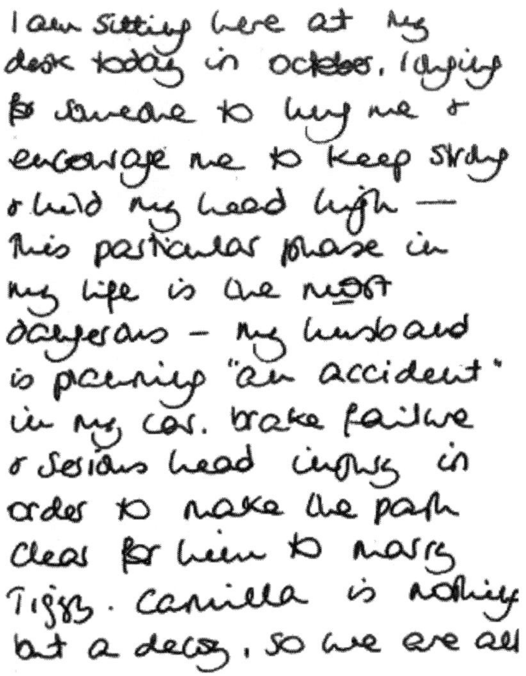
I am sitting here at my
desk today in october, longing
for someone to hug me &
encourage me to keep strong
& hold my head high —
this particular phase in
my life is the most
dangerous – my husband
is planning "an accident"
in my car. brake failure
& serious head injury in
order to make the path
clear for him to marry
Tiggy. Camilla is nothing
but a decoy, so we are all

*Abbildung 40: Schriftprobe Diana, Prinzessin von Wales*

»typische« Männerschrift aus?) Mehr noch: Keinesfalls kann auch der geschulteste Grafologe in den meisten Fällen zwingend auf das Geschlecht des Schreibers schließen, und im Übrigen ist dies gar nicht Teil der Schriftdeutung. Die Vorstellung, eine weibliche Schrift bediene sich überwiegend »weicher« Schriftelemente, die männliche verwende solche »härterer« Art, etwa den Winkel, ist pauschal, im Grunde wertlos – und gefährlich z.B. gar dort, wo sie einen Mann, dessen Schrift eher weiche Schriftzüge und Formbildungen aufweist, zur »femininen« Gestalt macht.

Wir wollen uns hier nicht mit dem Inhalt des Briefes befassen – es geht um nichts Geringeres als um den Verdacht Dianas, ihr Mann trachte ihr nach dem Leben. An der Echtheit des Briefs besteht kein Zweifel.

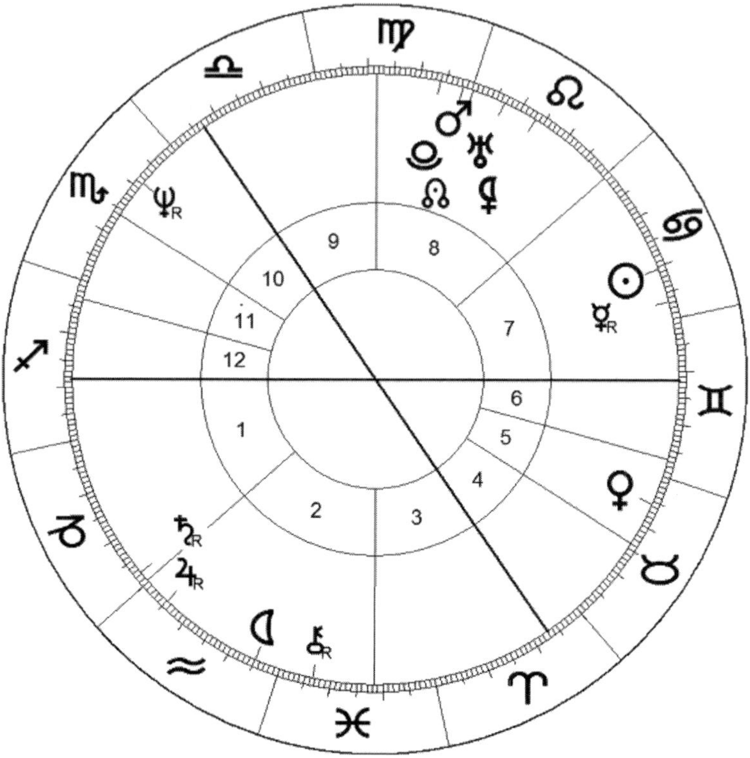


*Abbildung 41: Horoskop Diana Prinzessin von Wales, 1.7.1961, Sandringham, UK*

Wenn die oben angegebene Uhrzeit stimmt (hier sind gelegentlich Zweifel geäußert worden), dann hatte Diana einen Schütze-AC, dazu ihre Sonne im Krebs und einen Wassermannmond im zweiten Haus.

Unübersehbar ist das Quellende, »Wolkige« dieser Schrift, eine typische Ausdrucksform des Krebses. Thomas Ring spricht mit Blick auf die Krebssignatur treffend von »Regenwürmerstil«. Es zeigt sich eine durchgehend runde, »sich wiegende« Schreibbewegung.

Wir sehen bei einem Schriftstück das fertige Produkt, nicht den Prozess des Schreibens selbst. Diese Aussage ist nicht ganz so simpel, wie sie erscheinen mag. Gemeint ist, dass das Primäre des Schreibaktes, nämlich die Schreibbewegung, mithin auch die Strichführung, nur aus dem fertigen Ganzen heraus erkennbar wird. Eine Deutung, die primär bei der sorgsamen Ausdeutung der Schriftbewegung ansetzt, wird also kaum fehlgehen. Der Blick auf die Strichführung sollte also möglichst der Erschließung des »Symbolcharakters« der Schrift vorausgehen. Grundsätzlich gilt der Strich als das verlässlichste Abbild der Substanz der Persönlichkeit, und laut (u.a.) Knobloch und Pokorny hat die Strichdiagnose eine grundsätzlich stärkere Bedeutung als die Mehrzahl der anderen morphologisch unterscheidbaren Merkmale der Schrift.

Bei dieser Schrift ist die Strichführung wenig gespannt, von einer energischen, zielbewussten Bewegung ist kaum etwas zu sehen. Schützetypische Bewegungselemente treten hier deutlich zurück, nur in den Formen der Unterlängen hat die Schrift stellenweise etwas Schwingendes. Sonst herrscht der Eindruck von Formweichheit, verbunden mit einer gewissen Schlaffheit. Dabei wirkt die Schrift eher lebendig, die Formgebung ist eigengeprägt, bestimmt durch einige eigenwillige Vereinfachungen. Dazu kommen originell-individuelle Formbildungen und Bindungsformen (siehe z.B. die Verbindung von »g« zu »h« oder das Wort »phase«).

Hier und dort aber zeigt sich die Tendenz zur Formauflösung, eine Vernachlässigung, die auch auf Bequemlichkeit hinweist, Ausdruck einer gewissen »Verbummeltheit« (Th. Ring zum krebsanalogen Bild). Die Schrift ist betont bogenzügig. Während der »direkt« geführte Strich dazu strebt, die kurze, umweglose Verbindung herzustellen, neigt der Bogen generell zu Weichheit, (An-)Schmiegsamkeit, damit verbunden äußert sich ein deutliches Hervortreten der Gefühle. Anders, etwas verkürzend gesagt: Der direkt geführte Strich weist hin auf zielstrebige Entschlossenheit, der bei Diana Spencer gänzlich dominante Bogen auf einen gewissen Mangel an Klarheit und Nüchternheit. Dies wird dann erst recht der Fall sein, wenn die Schrift, wie hier ausgesprochen, weich anmutet, zudem Ansätze schlaffer Strichführung und daraus folgende Vernachlässigungen zeigt – erkennbar z.B. am Wort »but«. Dass man zögert, der Schrift ein besonderes »Formniveau« zuzusprechen, liegt nicht an der Unregelmäßigkeit der Formenbildungen. Diese ist für eine krebsbestimmte Schrift eher typisch. Für den Krebs gilt ja das Paradoxon, er sei fest in der Weichheit, unnachgiebig in der Nachgiebigkeit siehe (E. Dietrich. Seite 157). Eher stößt man sich an verunglückten Formen wie den Wörtern »to« oder insbesondere dem ersten Wort der dritten Zeile, das in kruder Weise »zusammengeschobene« Wort »for«.

An dieser Schrift tritt ein weiteres Merkmal dominant in den Vordergrund: die augenfällige Linksläufigkeit der Schrift. Linksläufig ist eine Schrift dann, wenn sie überdurchschnittlich häufig die generell nach rechts orientierte Schreibbewegung umkehrt, also die Bewegung über die »Notwendigkeit« hinaus nach links sucht (siehe das Kapitel zu Karl V., Seite 41). Man findet Linksläufigkeit in Dianas Schrift an zahllosen Stellen (siehe die Unterzone des »g« und des »y«, siehe Formbildungen wie das »o« in »most«). Linksläufige Elemente über die Norm hinaus sind in den Schriften von Krebsgeborenen fast immer anzutreffen. Der Grund liegt in der krebstypischen Rückbewegung auf sich selbst hin. Linksläufigkeit beinhaltet einen Moment des Sich-Sammelns, des Innehaltens, des Erinnerns. Das Deutungsspektrum ist groß, wir finden Introvertiertheit, Besinnlichkeit, Vergangenheitsbezogenheit, aber auch allzu starke Anhaftung (auch am Materiellen), vielfach auch ein Sich-Verschließen und eine Selbstisolierung bis hin zur gänzlichen Verfangenheit im eigenen seelischen Erleben. Wie immer hängt alles ab vom Gesamtbild.

Beim Thema der Strichbildung ist es unerlässlich, darauf hinzuweisen, dass diese natürlich auch von dem benutzten Schreibgerät abhängt. In der Frühzeit der Grafologie gab es weder Kugelschreiber noch Filzstift. Gerade der Letztere erlaubt kaum ein Urteil über Druck und Schärfe bzw. Teigigkeit. Als weniger problematisch gilt der Kugelschreiber, doch ist in diesem Fall zu berücksichtigen, dass er in stärkerem Maße zu einer schärferen Schrift führt als die Feder. Bis zu einem gewissen Grade spielt dann wiederum eine Rolle, welches Schreibgerät jeweils bevorzugt wird. Wer den Kuli bevorzugt, der wird in der Regel eher zu einer schärferen Strichbildung neigen als derjenige, dem der Füllhalter lieber ist.

Je nachdem, ob die Schrift eher zu Teigigkeit oder zu Schärfe neigt, ergeben sich Aufschlüsse über Lebensnähe und seelisches Erleben. Was im Falle der ausgeprägten Teigigkeit an innerer Beherrschtheit und »Formgefühl« verloren geht, wird aufgewogen durch den Reichtum des Empfindens. Stärkere Geltung erlangt zudem das konkret sinnlich Fassbare. In Verbindung mit dem Gesamtbild der Schrift lässt die Teigigkeit hier auf vitale Fülle, auch auf Instinktsicherheit schließen (siehe dazu auch die markanten Unterlängen – an anderen Beispielen nachfolgend weiter erläutert). Dem steht entgegen eine gewisse Gleichgültigkeit allem gegenüber was allzu »geistig-abstrakt« erscheint. Diana Spencer, spätestens bei ihrer Beerdigung nahezu in den Rang einer Göttin erhoben, muss es Überwindung gekostet haben, dem offenkundigen Drang nach oberflächlichem Vergnügen Widerstand zu leisten. Idealistische Züge sind hier nicht im besonderen Maße eingegangen. Damit soll nicht behauptet werden, dass Dianas Engagement für »humanitäre Zwecke« sich der bloßen Publicity verdankte. Der von der Prinzessin in einem berühmt gewordenen Interview geäußerte Wunsch, sie wolle die »Königin der Herzen« sein, mag für den einen oder anderen als Beleg für eine übertriebene Sentimentalität gelten. Er war aber gewiss der offene Ausdruck eines starken unverfälschten Empfindens.

Zur Veranschaulichung des Themas »Linksläufigkeit« ein besonders markantes Beispiel – die Schrift Katharinas II. Eine »reine« Linksläufigkeit ist ebenso undenkbar wie eine reine Rechtsläufigkeit. Auch die Schrift der im Stier geborenen Zarin weist rechtsläufige Elemente auf – hier jedoch dominiert klar die Linksläufigkeit – siehe z.B. in der Mitte das weit nach links ausgreifende »d« in »derniere«.

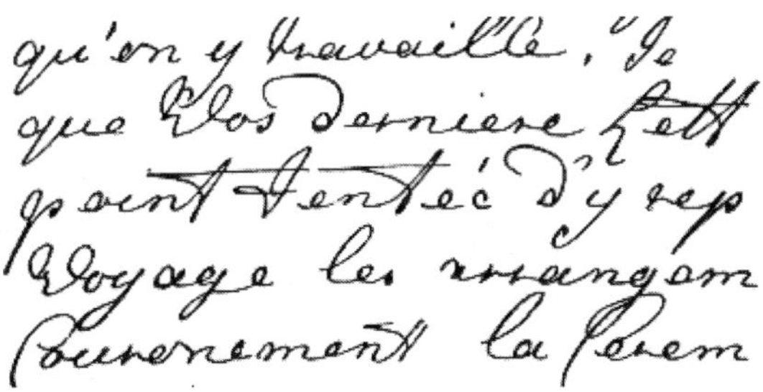

*Abbildung 42: Schriftprobe Katharina II.*

Ein Beispiel für ausgeprägte Rechtsläufigkeit findet sich in der an anderer Stelle des Buches (siehe Seite 116) besprochenen Schrift A. von Humboldts.

## Gottfried Benn

Druck – Vereinfachung

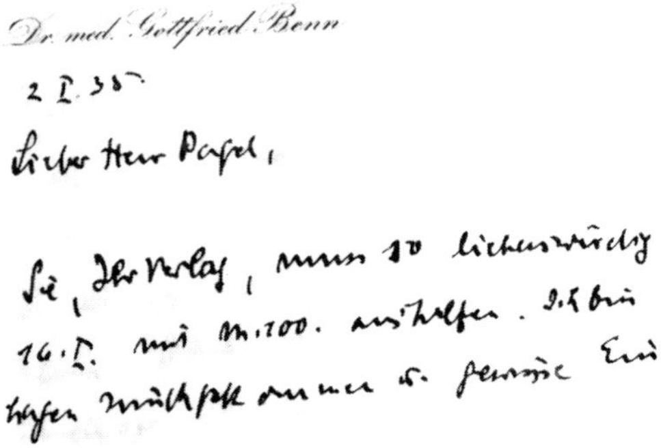
Dr. med. Gottfried Benn

*Abbildung 43: Schriftprobe Gottfried Benn*

Wer die Dichtung Benns kennt, wird die Entsprechungen von Schriftbild und Sprache augenblicklich erkennen. Die Schrift Benns ist geprägt durch Vereinfachung und starken Druck. Sofern es nicht zu Druckstörungen kommt (in Form von Druckschwankungen), ist bei einem solchen Bild mit Vitalität, Ausdauer und einem erheblichen Durchsetzungswillen zu rechnen. Wir sehen dies bei der Schrift Benns gesteigert bis hin zu kompromissloser Stärke. Hinzu kommt der Eindruck bewusster Raumergreifung – wir sehen also ein typisches Stierthema ausgebildet. Die Schrift hat bei aller Kargheit der Form etwas »Substanzielles« an sich. Man spürt, dass das zentrale Motiv die Behauptung des eigenen Ichs, die Sicherung des eigenen »Reviers« ist. (W. Döbereiner). Dem entspricht, dass die Bewahrung und Sicherung des »gezeichneten Ichs« in einer zunehmend fremder werdenden Welt zum Hauptthema der Dichtungen Benns wurde (siehe z.B. das Gedicht »Verlorenes Ich«, dazu auch die bekannte Schlusszeile des Gedchichts »Reisen«: ».... *Bleiben und stille bewahren / das sich umgrenzende Ich.*« Die Druckstärke bestimmt hier Bewegungs-, Raum- und Formbild gleichermaßen. Das Bewegungsbild ist bestimmt durch rhythmischen Druck, das Raumbild durch eigenständig-souveräne Gestaltung, das Formbild durch prägnante Festigkeit. Ober- und Unterlängen treten deutlich zurück, die Schrift ist ausgesprochen »mittelpunktstrebig« (Gegensatz: mittelpunktflüchtig – Terminologie von R. Heiss). Wie die Biografie Benns belegt, gilt auch für seine Schrift, dass das verstärkte Mittelband Stabilität des Selbstbewusstseins anzeigt.

Benn Geburtszeit ist nicht bekannt. Es ist sicher, dass er einen Widdermond hatte (kein Zeichenwechsel des Mondes am Tag seiner Geburt). Der Widdereinfluss ist hier zudem durch die Tatsache gegeben, dass der vorgeburtliche Neumond in den Widder fiel. Fällt der vorgeburtliche Neumond in das dem Sonnenzeichen vorhergehende Zeichen, so wird der Betreffende zeitlebens einem gewissen Dualismus ausgesetzt sein, er wird das eigene Sonnenzeichen immer instinktiv durch die Impulse des vorhergehenden Zeichens irritiert sehen. Anders, »positiv« ausgedrückt: Der Native entgeht eher der Gefahr der überstarken Verhaftung an das eigene subjektive Dasein, eine Gefahr, der vor allem derjenige ausgesetzt ist, der mit einem »geschlossenen« Neumond geboren ist, bei dem Sonne und Mond im gleichen Zeichen stehen. Im Falle Benns bewirkte der lunare Widdereinfluss den weitgehenden Verzicht auf die bei Stieren oft anzutreffenden Bereicherungselemente. Sofern sich bei Stiergeborenen Bereicherung zeigt, hat diese weniger spielerisch-dekorativen Charakter, sie steht vielmehr im Dienst der Raumerfassung mittels Raumerfüllung. Auch der bei Stieren häufig gegebene »Pfannkuchenstil« (Th. Ring) tritt bei Benn zugunsten einer stringenteren Strichführung zurück. Zwar ist das Schreibtempo gemessen, aber die Strichführung wirkt rhythmisch-schlagend, wenn nicht gar ausgesprochen schroff – Ausdruck der für das Widderempfinden so bezeichnenden kompromisslosen Ehrlichkeit. Die Dichtung Benns umgeht den Verbalstil, sie sucht eher das Nominale, faktisch Gegebene. Krasser kann die Ablehnung romantischer Empfindungen kaum ausfallen. Benns Schrift ist nicht »ansprechend« (ebenso wenig wie es seine Dichtung ist). Sie hat sich all dessen entledigt, was als unwesentlich empfunden wird. Aber sie überzeugt durch Sachlichkeit (in den Gedichten durch entschiedenen Realismus ausgedrückt), Einfachheit und einen ausgeprägten Wirklichkeitssinn.

Die Schrift Benns kann zudem als Beleg dafür gelten, dass ein starker vitaler Antrieb Hand in Hand geht mit einer mehr oder weniger vereinfachten Formgebung. Dies kann so weit gehen, dass sich der Eindruck des »Primitiven« einstellt. Umgekehrt kann gelten, dass die verfeinerte und ausdifferenzierte Formgebung einhergeht mit einer Rücknahme des vitalen Antriebes, die oft auch einen Verlust an Widerstandskraft mit sich bringt.

## Ingrid

Formbild/Raumbild – Zeilenabstand – Ränderbehandlung

Bei diesem Schriftstück drängt sich zwingend die Frage nach dem Raumbild auf. Der gesamte zur Verfügung stehende Schreibraum ist genutzt, die Ränder sind minimal, die Schrift füllt, hier nicht erkennbar, den gesamten Raum aus (nach oben und unten, an beiden Seiten). Die Schriftränder sind sowohl dem Raumbild wie auch dem Formbild zuzuordnen. Sie geben bis zu einem gewissen Grade Aufschluss darüber, in welcher Weise (und in welchem Maß) der Betreffende sich in seine Umwelt einfügt. Ist das Schriftbild raumaussparend gestaltet, so liegt der Schluss nahe, dass wir es mit einem Sinn für Ordnung, Gliederung und Strukturbildung zu tun haben. Der Schreiber ist fähig und willens, einen Sachverhalt mit Distanz zu sehen und ihn kritisch zu durchdringen. Die raumfüllende Schrift hebt den Abstand zur Umwelt auf, sie weist zudem auf die Bereitschaft hin, für ein Thema Begeisterungsfähigkeit zu entwickeln. Man kann hier ergänzend die einzelnen Ränder unterscheiden. Der Linksrand kann auch verstanden werden als der Ort des Beginnens, dort findet sich das jeweils erste Wort der Zeile und dort setzt der Schreiber oft mit einem neuen Gedanken an (Absatz).

Ist der Linksrand eher breit, wird man (unter Berücksichtigung des Gesamtschriftbildes) eher von Großzügigkeit und innerer Weite sprechen dürfen. Auch der Frage der »Ökonomie« kann man aus dieser Perspektive nachgehen: Wie viel an Raum wird im Sinne der gefälligen Gestaltung verschenkt, wie viel wird bei Überwertigkeit verschwendet?

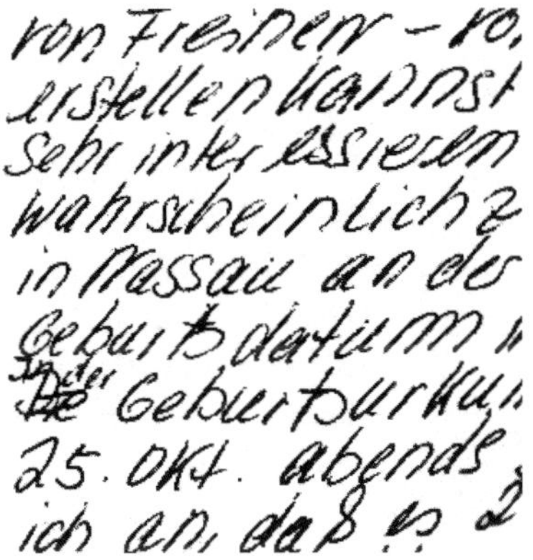

*Abbildung 44: Schriftprobe Ingrid, ca. 25 Jahre*

Allzu enge Ränder können umgekehrt eine übergroße Sparsamkeit andeuten (in diesem Falle bei der Schreiberin eher zutreffend). Meist aber verrät sich hierdurch ein gewisses Maß an Naivität. Diese muss nicht voreilig als negativer Befund registriert werden, schließlich kann Naivität der Ausdruck einer vertrauensvollen Zuwendung sein. Max Pulver, der großen Wert auf die ausgiebige Deutung des Raumbildes legt, nennt für den (hier gegebenen) Fall des gänzlichen Fehlens von Rändern zweierlei Möglichkeiten der Deutung: Ist die Schrift groß oder weist andere Merkmale der »Repräsentanz« auf, so wird man die Randlosigkeit als »Ausdruck für den alles konsumierenden Ich-Anspruch« verstehen dürfen. Ist die Schrift klein, eher eng, oder zeigt sie weitere Merkmale der Ich-Rücknahme, so ist die Randlosigkeit Anzeichen eines Spartriebs, der die gegebenen Ressourcen möglichst restlos nutzbringend verwenden möchte (S. 155). Die Deutung fällt hier nicht leicht, da die Schrift von durchschnittlicher Größe ist (nach Heiss mittelgroß). Ergänzende Hinweise beziehen wir auf den Zeilenabstand, der hier erkennbar klein ist, auch wenn Verhäkelungen der Zeilen weitgehend vermieden werden. Auch bei der Deutung des Zeilenabstandes befinden wir uns in der Polarität Kontakt – Distanz. Also auch hier eine starke Zuwendung zur Umwelt, getragen von einem allgemeinen Interesse am Du. Letzteres wird durch die deutliche

Rechtsschrägheit nachdrücklich bestätigt (wir erinnern hier aber an die Vorbehalte gegen die überstarke Betonung der Rechtsschrägheit in der Deutung).

Das Gesamtbild, maßgeblich auch durch die Bogenschrift beeinflusst, ließe an ein gänzlich ungehindertes Sich-Verströmen des Ichs denken, wären nicht die markanten Arkaden so bestimmend für den Eindruck. Der Arkadenschreiber tritt der Umwelt »unter Vorbehalt« gegenüber, er meidet das Risiko und stellt im Zweifelsfall das Traditionelle gegen das Neue, dem gegenüber er bei allem wachen Interesse auf der Hut ist. In diesem Sinne ist übrigens auch der geringe Längenunterschied

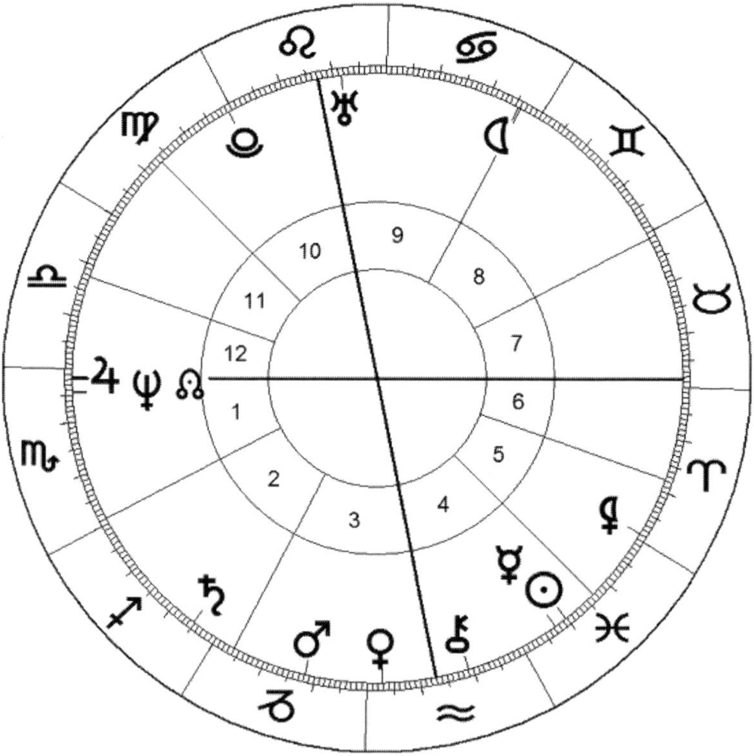


*Abbildung 45: Ingrid*

der Buchstaben zu werten. Das deutlich ausgeprägte Mittelband lässt Mäßigung und Ausgewogenheit erkennen, auch Orientierung an den realen Gegebenheiten. Wir können daher zusammenfassend von einem gut kontrollierten Interesse an der Umwelt bei sehr bewusster Nutzung der sich bietenden Kontakte sprechen. Eben dies war hier der Fall, die Schreiberin wusste die ihr zur Verfügung stehenden Kontakte für ihr ausgeprägtes Karrierestreben mit Erfolg zu nutzen.

Es verwundert nicht, im Horoskop gleich fünf Planeten in den Wasserzeichen zu finden, darunter Sonne (in den Fischen) und Mond (im Krebs), der AC steht im Skorpion. Das im Schriftbild so ausgeprägte »kontrollierte Ausströmen seiner selbst« spiegelt sich im Horoskop nicht allein durch den hohen Wasseranteil, sondern auch durch das »Große Trigon«, das zwischen Sonne, Mond und Jupiter/Neptun gebildet wird. Vor allem aber hat sich die Jupiter/Neptun-Konjunktion am AC dem Schriftbild mitgeteilt. Das Große Trigon gilt der astrologischen Tradition nur bedingt als günstig, in ihm liegt die Gefahr der mangelnden Strukturbildung, auch die der ungerichteten Mobilität. Wir sehen also Parallelen zum Schriftbild gegeben. Von einem originellen Formbild wird man nicht sprechen wollen, doch fehlt es der Schrift keineswegs an einem klaren Ablaufrhythmus und an Lebendigkeit.

## Martin Heidegger

### Raumbild

Als Gegenstück nun ein gänzlich anderes Raumbild. Der Begriff des Raumbildes umfasst im weitesten Sinne den gesamten Schriftraum – also das beschriebene Blatt Papier (hier allerdings nach unten abgeschnitten). Es handelt sich um eine Manuskriptseite des Begründers des Existenzialismus, Martin Heidegger (»Prüfung aus der Bestimmung«, frühe Sechzigerjahre). Der in der Waage geborene Heidegger sprach vom »Wagnis des Denkens«, vom »wägenden Wagen«. Ob ihm dabei bewusst war, dass er damit die Essenz seines Sonnenzeichens formuliert hatte? Man wird dies bezweifeln müssen

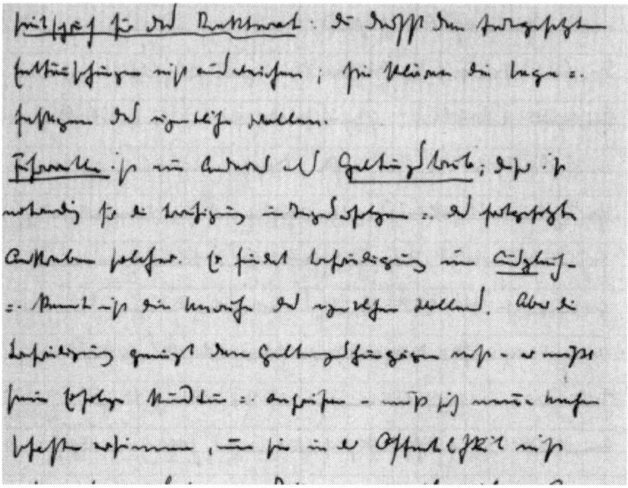

*Abbildung 46: Schriftprobe Martin Heidegger*

(es findet sich bei Heidegger meines Wissens nicht der entfernteste Hinweis auf das Thema Astrologie). Folgt man im Schriftbild dem Verlauf der Unterstreichungen, vor allem der langen (oben stehend), so kann man in anschaulicher Weise diesem steten Abwägen nachspüren.

Die Linienführung ist nicht so sehr unsicher als vielmehr in konzentrierter Weise tastend fortschreitend. Ein solcherart gegliedertes Blatt zeigt den Schreiber als einen klar strukturierenden Denker. Gleich wie man zu Heidegger stehen mag (allein seine Vereinnahmung durch die Nationalsozialisten gibt hinlänglich Anlass zu Distanz): Ein nebulöses Denken hat hier nicht seinen Niederschlag gefunden. Innerhalb der eigenen Terminologie (die allerdings der Gefahr des steten Selbstbezuges nicht entgehen kann) bleibt Heidegger ein konsequent kritisch-reflektierender Denker. In der Tat fordert er wiederholt die »Strenge des Denkens« ein. Das Raumbild spiegelt diesen Anspruch. Gerade bei einem Waageneumond, so sollte man meinen, ist mehr an Beweglichkeit, an freiem Gestus der Form zu erwarten.

Hat also Heidegger sein Sonnenzeichen »verfehlt«? Eva Dietrich (Schicksal und Lebenserfolg in Sternbild und Schrift) würde vermutlich von einer »nicht verwirklichten« Waage sprechen. Die bewusste ästhetische Stilisierung, die sich zweifellos in den meisten der typischen Waageschriften findet, entfällt hier, insofern jedenfalls, als sich Elemente der Bereicherung in der Schrift Heideggers rar machen. Dem gängigen Bild der »eleganten Waage« widerspricht zudem die durchgehend eingehaltene Steilheit der Schriftlage. Gerade bei der so begegnungsoffenen Waage hätte man eine deutliche Rechtsschräge erwarten dürfen. Die Waage achtet auf die ansprechende Form, sie wird als das kardinale Luftzeichen aber ungern auf das spielerische Element

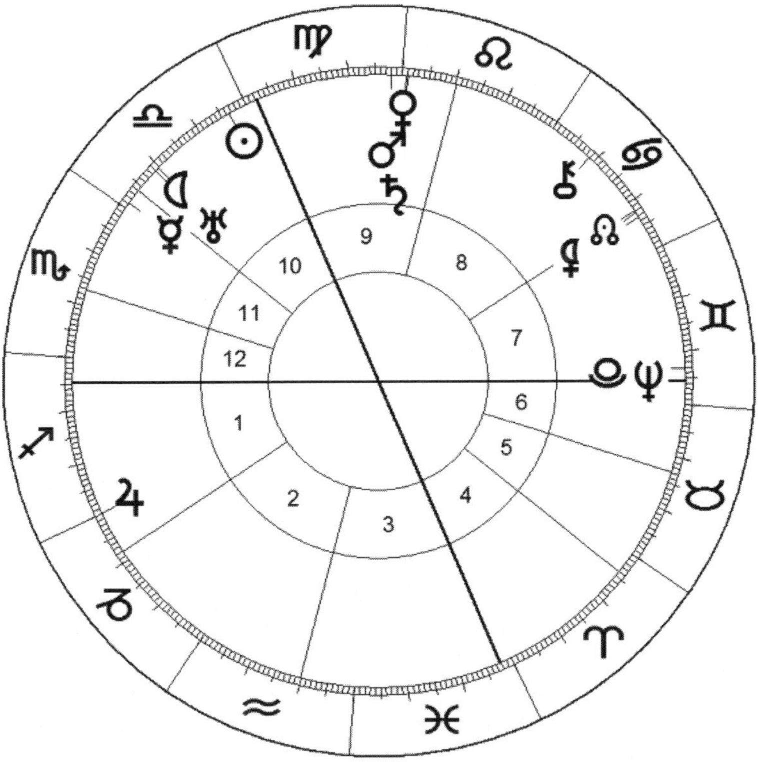


*Abbildung 47: Horoskop Martin Heidegger, 26.9.1889, 11:30 h LMT, Messkirch*

verzichten wollen. Doch das Raumbild in der Schrift Heideggers ist »formstreng«. Um diese offenkundige Diskrepanz begründen zu können, muss man weitere elementare Komponenten des Horoskops mit einbeziehen. Dann fällt auf, dass der Geburtsherrscher Jupiter auf dem ersten Grad Steinbock steht. Die damit klar vorgegebene saturnische Prägung setzt sich fort in der Konjunktion von Sonne und MC. Dazu kommt die exakte Konjunktion von Saturn und Venus. Zu den gestaltbildenden Kräften kommt also auch noch die ans Rigide reichende kontrollierte Ökonomie des Raumes.

Der Geburt Heideggers ging unmittelbar ein Neumond voraus. Je mehr eine Persönlichkeit an »Bedeutung« – gleich auf welchem Gebiet – erlangt, desto mehr wird von den überpersönlichen astrologischen Determinanten in die Wirkung des Nativen mit eingehen. Vornehmlich ist damit gemeint der Neumond vor der Geburt (ergänzt durch den Vollmond, sofern ein solcher sich zwischen Neumond und Geburt bilden konnte). Die Berechnung des Neumondes ergibt einen AC auf dem dritten Grad Jungfrau in Konjunktion mit Mars, Saturn und Venus (Saturn und Venus noch in Haus zwölf, aber bereits im Orbis des ACs stehend).

## Conrad Ferdinand Meyer

### Formbild

Conrad Ferdinand Meyer wurde mit einem Neumond in der Waage geboren. Dieser Neumond wurde kurz vor Mitternacht des Tages der Geburt exakt. Somit handelt es sich vermutlich im strengeren Sinne um einen nachgeburtlichen Neumond. Doch der Blick auf den Himmel lehrt, dass der Mond bereits einen ganzen Tag vor der exakten Konjunktion mit der Sonne unsichtbar wird. Das heißt, dass ein Neumond, auch dann, wenn er noch nicht seinen exakten Grad erreicht hat, wirksam wird, somit also auch einen an diesem Tage Geborenen maßgeblich bestimmen wird. Der exakte Neumond fällt hier bei einem Löwe-AC genau auf das IC. Die gradgenaue Stellung eines Neumondes auf einem der vier Eckpunkte der Quadranten ist als nachteilig zu werten. Im Falle Meyers zeigte sich dies in den Problemen des Elternhauses: Der Vater starb, als Meyer 14 Jahre alt war, die depressiv veranlagte Mutter beging Jahre später Selbstmord.

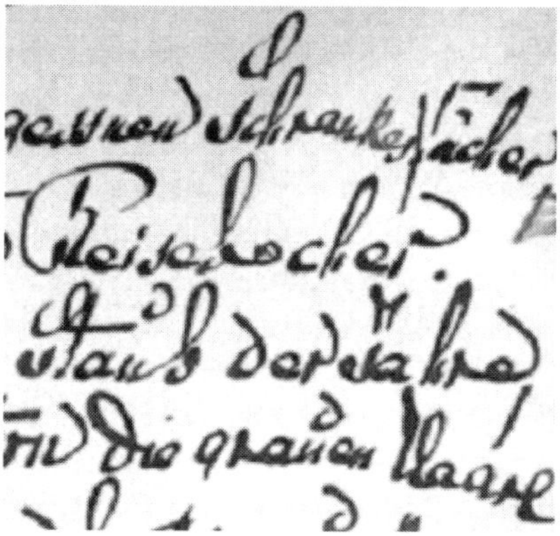

*Abbildung 48: Schriftprobe Conrad Ferdinand Meyer*

Die Schriftprobe in Abbildung 47 stammt aus dem letzten Lebensjahrzehnt des Dichters (um 1891/92). Schon sieben, acht Jahre zuvor hatte Meyer unter schweren Depressionen zu leiden gehabt. Zum Zeitpunkt der Abfassung dieser Zeilen zeichnete sich ab, dass Meyer auf Dauer unheilbar krank sein würde.

Etwa gegen die Mitte der 80er-Jahre erfolgte ein Wechsel in den folgenden progressiven Neumond. Wie im ersten Neumond findet sich ein Löwe-AC, nun aber fällt der Neumond in das fünfte Haus. Wir haben es also gerade im zweiten Falle mit einem starken Drang in die Gestaltung zu tun. Der Neumond steht im Schützen, er ist opponiert von Saturn. Dieser wiederum befindet sich im Spiegelpunkt zu Neptun. Zu ergänzen ist, dass im damals laufenden (10.) Septar eine Sonne/Saturn-Konjunktion gegeben ist.

Das Thema des Abbiegens zum rechten Rand hin wird an anderer Stelle noch angesprochen werden (siehe Schriftbild S. 103 Freud). In ihm äußert sich meist ein Übermaß an Dranghaftigkeit. Diese tritt auch mittels des wechselhaften Drucks in Erscheinung. Das Schriftbild schwankt

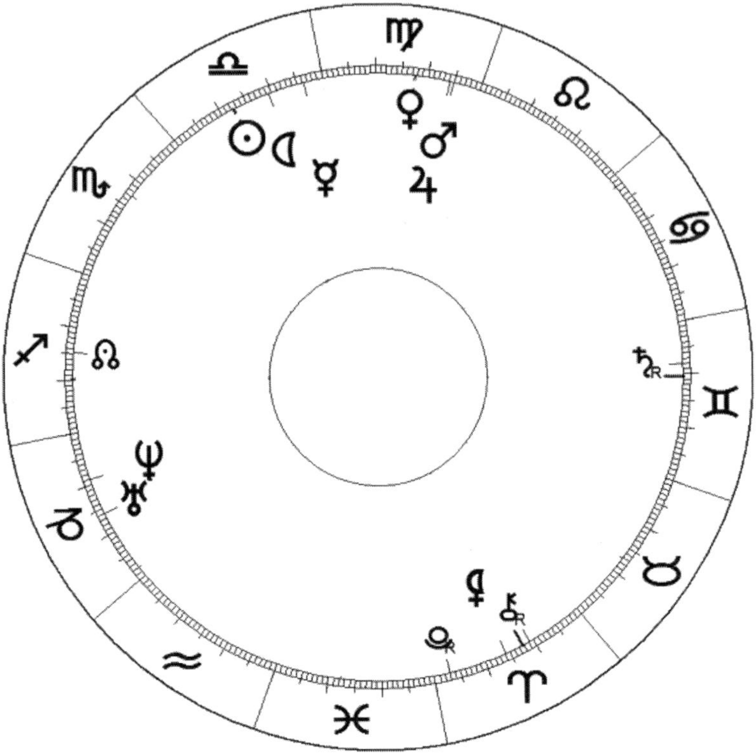

*Abbildung 49: Horoskop C. F. Meyer, 11.10.1825, keine Geburtszeit, Kilchberg bei Zürich*

zwischen dem satten Schwellzug hier und deutlichen Nachlassen im Druck dort. Ausschlaggebender noch ist das gestörte Formbild. Zwar sehen wir die waagetypische Signatur am Werk, doch ist die Leichtigkeit des »Tanzmeisterstils« (Th. Ring) nur ansatzweise sichtbar. Denn hier hat sich das Saturnische der Leichtigkeit der Bewegung bemächtigt und dieser die Ungezwungenheit genommen. Auffällig ist die für eine Waageschrift allzu stark gegebene Linksläufigkeit. Zudem erfährt die typische Waagesignatur hier eine markante Versteifung. Die Formen sind noch ansprechend, aber in überwertiger Weise gegeben. Die massiven Druckschwellungen mitsamt den prägnanten

Formbeicherungen haben erkennbar kompensatorische Funktion. Sie gleichen die scharfe Abschneidung der Unterlängen aus – siehe das »J« in »Jahre« und das »g« im Wort »graue«. Andere Schriftstücke jener Jahre sind in eklatantem Gegensatz in der Unterzone bis ins Groteske hinein betont. Depressionen können sehr unterschiedliche Formen annehmen. Oft können sie sich dort ausweiten, wo ihnen nicht mit offener Wahrnehmung begegnet wird. In dieser Schrift wird die Beharrung auf der »schönen Formbildung« dem offenkundigen Zerfall entgegengesetzt. Dies gelingt aber nur im Rahmen einzelner Formen, das Gesamtbild ist selbst stellenweise schwer gestört, Buchstaben sind gar zerschnitten (siehe den Anfang des Wortes »Jahre«). Mindestens so schwer wiegt die Fragmentierung einiger Großbuchstaben (siehe vor allem das »s« der oberen Zeile). Die Grafologie hat für derartige Formbildungen den Begriff der skelettierten Schrift gefunden. Der Neumond in der Waage bestimmt bis in die letzten Lebensjahre die Formbildung, jedoch ohne die Einbrüche im Bewegungs- und Raumbild überspielen zu können.

## Richard Dehmel

### Affektivität – Formbild

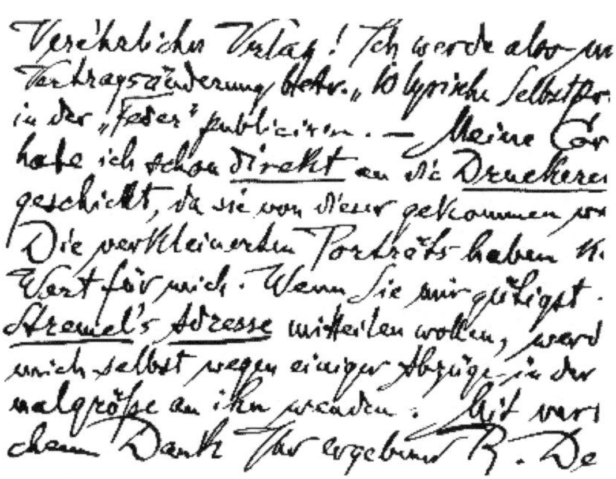
Verehrlicher Verlag! Ich werde also zur
Vertragsänderung betr. „10 lyrische Selbstpor-
in der „Feder" publicieren. — Meine Cor-
habe ich schon direkt an die Druckerei
geschickt, da sie von dieser gekommen wa-
Die verkleinerten Porträts haben k-
Wert für mich. Wenn Sie mir gefälligst
Adresse mitteilen wollen, werd
mich selbst wegen einiger Abzüge in der
malgröße an ihn wenden. Mit verb-
dem Dank Ihr ergebener R. De

*Abbildung 50: Schriftprobe Richard Dehmel*

Nun zur Schrift eines im Skorpion Geborenen: Richard Dehmel (18.11.1863). Das Schriftstück wurde mit 45 Jahren verfasst, findet sich bei Knobloch (GRAPHOLOGIE. EINE EXEMPLARISCHE EINFÜHRUNG, S. 176), wo es in das Kapitel »Repräsentation (betont)« mit aufgenommen ist. Knobloch selbst weist darauf hin, dass es ebenso gut dem Kapitel über Affektivität hätte zugeordnet werden können. Die in diesem Buch eingangs gegebenen Kategorien, die Knobloch anführt, können sich also in ähnlicher Weise überlagern, wie dies die Begriffe »Bewegungsbild«, »Raumbild« und »Formbild« tun.

Dehmels Schrift gehört zu denjenigen, die den ungeschulten Betrachter allzu leicht für sich einnehmen. Sie wirkt kraftvoll, sprudelnd vor Lebendigkeit, und die Affektivität wirkt auf den ersten Blick unverfälscht. Eine solche Schrift ist Ausweis eines individuellen Charakters, sie scheint einen eigenständigen Charakter mit »genialischen« Einschlägen zu dokumentieren. Dementsprechend fehlt es auch nicht an exzentrischen Einschlägen, die der Schrift etwas Dramatisches, um nicht zu sagen etwas Lärmendes geben. Dazu tragen nicht zuletzt auch die mit massivem Druck beigefügten Unterstreichungen bei. Man hat sich dabei zu vergegenwärtigen, dass es eine Schrift ist, wie sie sich um die Wende vom 19. zum 20. Jahrhundert häufig findet. Doch auch bei Berücksichtigung der Zeitumstände wird angesichts dieser Schrift von einem ausgeglichenen Charakter keine Rede sein können. Die Biografie berichtet von äußerst wechselhaften Gemütszuständen, die von Phasen depressiver Grübelei bis zu Momenten maßloser Zornesausbrüche reichten.

Es finden sich bei näherem Hinsehen auch Züge von Manie (soweit erkennbar, hat erst Knobloch diese so wichtige Kategorie in das elementare Vokabular der Grafologie eingebracht). Entscheidend aber ist, dass sich keine Monotonie einschleicht – was auch bei einer dramatisch bewegten Schrift durchaus der Fall sein kann. Man tut Dehmels Schrift Unrecht, wenn man sie nur als leeren Bluff abtun will. Der für das heutige Empfinden überhitzte impulsive Gestus schafft durchgehend gelungene Formen. Knobloch schreibt dazu treffend, Dehmel habe aus seiner Erregbarkeit einen Stil gemacht. Das Theatralische der Schrift – man achte auf die Großinitialen – wahrt eben noch den Abstand zum Grotesken (siehe vor allem das »M«), aber die Formgebung ist gekonnt, wenn auch »grenzwertig«, wie etwa die massiv betonten Anfangszüge belegen. Sie sprechen von Stolz und lassen die Gefährdung durch ein Übermaß an Geltungsdrang erkennen.

Dehmels Gedichte werden heutzutage nur noch vereinzelt in Anthologien aufgenommen, und wenn dies geschieht, dann werden Texte wie der folgende, umgangen – gerade weil (oder obwohl) sie überaus typisch für die schwül-erotische Atmosphäre sind, die sie verbreiten.

*»In wüster Schmach Vergeudung heiliger Glut /*
*ist Wollust, wenn sie prasst, und eh sie prasst /*
*roh, schamlos, tierisch aller Welt zur Last, /*
*meineidig, tückisch, voller Gier nach Blut.«*
Auszug aus dem Gedicht »Wollust«.

Hinter der unfreiwilligen Komik ist unschwer die Faszination durch die »Dämonie des Sexus« auszumachen, die uns zu jener Zeit in der Kunst (Franz Stuck: »Die Sünde«) aber auch in vielen literarischen Texten unterschiedlichster Qualität begegnet.

Man vermutet mit Recht einen massiven plutonischen Einfluss. Die Geburtszeit steht nicht zur Verfügung, man hat sich also an den Planetenständen zu orientieren, wobei hier die vierfache Besetzung des Skorpions ins Auge fällt (Sonne, Jupiter, Merkur, Mars, dazu der aufsteigende Mondknoten). Der vorgeburtliche Neumond, der hier abgebildet ist, zeigt den überindividuellen Rahmen, die »Strukturbedingungen«, die in das nachfolgende Geburtsbild eingehen. Insbesondere die »mundane« Bedeutung und Leistung eines Nativen kommen hier im vorgeburtlichen Neumond zumindest in grundsätzlicher Weise zum Ausdruck. Pluto als Regent über die Planetenkette in Haus elf opponiert diese aus Haus fünf, dabei annähernd in exakter Opposition zum AC-Herrscher Jupiter: die mal anziehende, mal abstoßende Macht des Eros zu schwülstigen Metaphern (Jupiter-Pluto) gesteigert. Die Massivität des elften Hauses gegenüber dem fünften darf dabei nicht als Sieg der Masse über den isolierten Pluto verstanden werden, auch deswegen nicht, weil Pluto über das elfte Haus regiert. Das starke elfte Haus, auf der Flucht vor den verlockenden libidinösen Fixierungen, sieht sich von diesen fortwährend eingeholt. Nach W. Döbereiner agiert Pluto als das Notaggregat der ausgefallenen Psyche. Nun spricht nichts

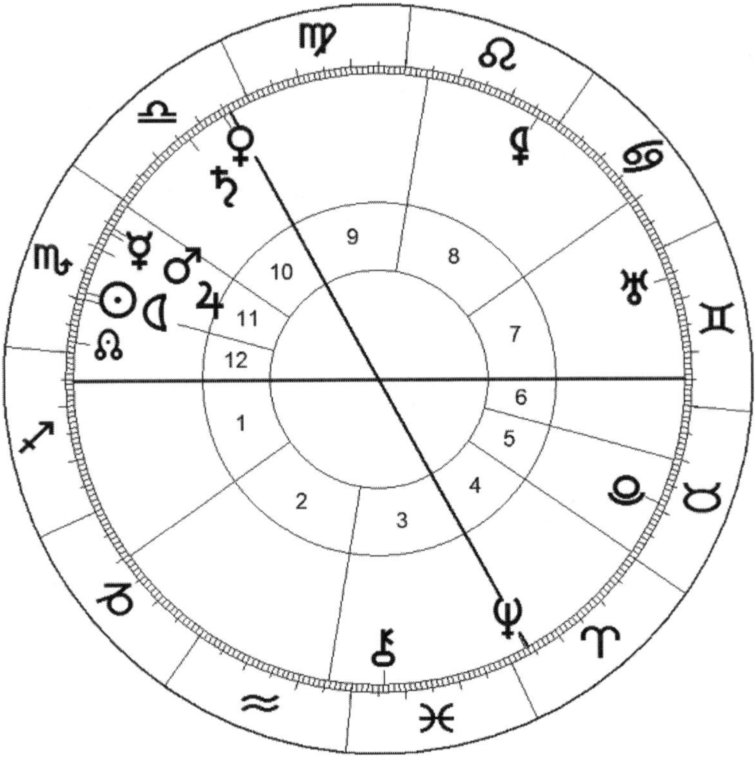


*Abbildung 51: Richard Dehmel, vorgeburtlicher Neumond, 11.11.1863, 7:59 h GMT, Münchehofe/Brandenburg*

dagegen, Neptun auf dem IC dieses Neumond-Bildes zunächst als Hinweis auf das typisch spätromantische, mit Weltschmerz vermischte Empfinden zu verstehen. Aber eine Lebensform, die sich von Auflösung bedroht sieht, wird instinktiv nach Leitbildern Ausschau halten, die geeignet scheinen, der steten Verunsicherung der seelischen Identität zu begegnen.

Über die Achse Krebs/Steinbock ist der Wassermann in den Skorpion zu spiegeln. Ist dazu der Skorpion in so deutlicher Weise im elften Haus wirksam, kann der ohnehin in diesem Zeichen angelegte Drang zur Revolte durchbrechen. So kommt es zu affektiven Formen, zu bezeichnenden Wechseln von Aufstauungen und Entladungen. Wie hier ist zudem ein kraftvoller Duktus bei eher kleinem Mittelband gegeben. Regelmäßigkeit und Unregelmäßigkeit finden sich nebeneinander, ein Ausdruck des Konfliktes von disziplinierender Willenskraft und lebendigem Gefühl. Vordringlich ist hier natürlich der Eindruck einer unregelmäßigen Schrift gegeben. Ist die Schrift hinreichend gesteuert, wird die Unregelmäßigkeit den Eindruck der Lebendigkeit und der Individualität verstärken, vor allem auch den der Aufgeschlossenheit und Spontaneität. Bei fehlender Steuerung droht der Zerfall des gesamten Schriftbildes, die Schrift wirkt unrhythmisch, und es setzt sich der Eindruck von fehlender Selbstbeherrschung, Reizbarkeit und Fahrigkeit durch.

## Sigmund Freud

Ränderbehandlung – Formbild-Raumbild (Linksrand), »Trieb« und »Dranghaftigkeit« – Geordnetes bzw. gestörtes Raumbild

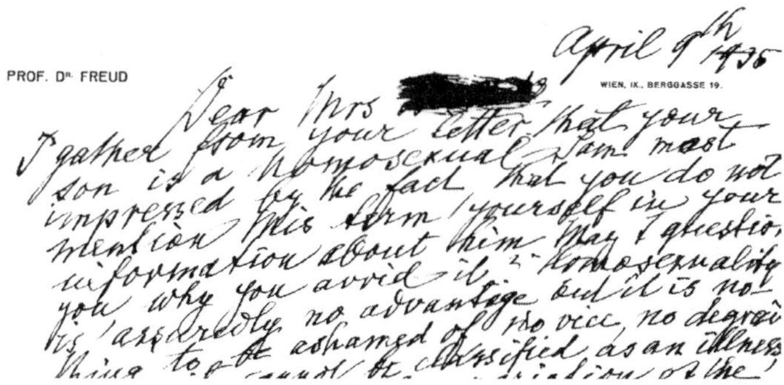
PROF. Dr. FREUD

WIEN, IX., BERGGASSE 19.

April 9th 1935

Dear Mrs [redacted]

I gather from your letter that your son is a homosexual. I am most impressed by the fact that you do not mention this term yourself in your information about him. May I question you why you avoid it? Homosexuality is assuredly no advantage, but it is nothing to be ashamed of, no vice, no degradation, it cannot be classified as an illness

*Abbildung 52: Schriftprobe Sigmund Freud*

Es versteht sich von selbst, dass Freuds Handschrift schon früh das Interesse der Grafologen auf sich ziehen musste. Kein Geringerer als Klages selbst nahm sich wiederholt dieser Schrift an. Doch offenbar sah selbst der namhafteste deutsche Grafologe sich hier erheblichen Deutungsproblemen ausgesetzt. Sie waren, nach allem, was man weiß, wohl in Klages' kaum verhüllten antisemitischen Ressentiments begründet. Dass diese nicht im Gewand »völkisch-rassischer«, sondern eher in der Form einer »kulturgeschichtlichen« Begründung daherkamen, kann den Schatten, der damit auf Klages fällt, nicht wesentlich aufhellen. Klages' Abneigung gegen die Psychoanalyse sollte sich in der Folgezeit noch vertiefen. Immerhin kam er letztlich, doch erst nach langen Jahren, zu dem Schluss, Freuds Handschrift in einem eher günstigen Licht zu sehen – im Gegensatz zu den Handschriften der »Jünger« des Begründers der Psychoanalyse, an denen er kein gutes Haar ließ. Freud sei aus einem anderen Holz geschnitzt als diese, er sei ein »Initiator« und »... diesem Mann eignet sicher ein Stück Forschersinn, dazu Temperament und zäher Eigenwille« (zitiert bei W. Martynkewicz).

Wir sehen eine formfeste Schrift bei flüssiger Bewegung mit auffallender Dranghaftigkeit (eine der Hauptkategorien H. Knoblochs). Dem entsprechen die Qualitäten, die von allen Biografen Freuds hervorgehoben worden sind: Freuds unermüdliche Suche nach der Wahrheit, die Wissensbegierde, die Ehrlichkeit auch mit sich selbst. Irgendwo heißt es, in Freud sei ein Jäger verborgen, der einer endlosen Spur nachgehe. Die Dranghaftigkeit in der Schrift Freuds wirkt sich u.a. so aus, dass der Druck der Schreibbewegung gegen den rechten Schriftrand geführt wird, wo es wiederholt zur Verengung und zur Abbiegung nach rechts unten kommt. Nach Pulver ist ein solcherart verengter Rechtsrand immer als Zeichen für einen ausgeprägten Mitteilungsdrang zu werten, wohingegen der sorgsam oder gar übertrieben gewahrte Rechtsrand dem Du gegenüber Abstand bis hin zur Selbstverweigerung wahrt. Die meisten Grafologen folgen ihm dort, wenn auch im unterschiedlichen Maße, natürlich wie immer unter dem Vorbehalt, dass das Gesamtbild Bestätigung liefern müsse. Pulvers ergänzende Feststellung, die in dieser Weise abbiegende Zeile sei mit großer Wahrscheinlichkeit als Hinweis auf momentane Geldverlegenheiten zu werten, geht über die zu wahrende Aussagegrenze hinaus. Man kann in dieser Deutung einen Beleg für die Versuchungen sehen, die aus einer allzu bemühten symbolorientierten Grafologie erwachsen können.

Knobloch zieht den Begriff der Dranghaftigkeit dem der »Triebhaftigkeit« vor. Letzterer ist in der grafologischen Tradition immer wieder Gegenstand oft fruchtloser Diskussionen gewesen. Allzu sehr zwingt der Begriff der Triebhaftigkeit die grafologische Deutung in einseitiger Weise in den Bereich des Sexuellen, und jahrzehntelang waren Grafologen folglich fixiert auf das Thema »Trieb und Verbrechen«. Knobloch hält dem entgegen, dass man keiner Schrift sicher entnehmen könne, welche spezifischen Bedürfnisse und Triebziele ein Schreiber habe. Dranghaftigkeit kann zielbestimmt oder ziellos sein, sie kann sich in der Tat in der Form der sexuellen Aggression äußern, sie kann sich aber auch verbinden mit einem geistigen Antriebsgeschehen. Knobloch zitiert Karl Jaspers, demzufolge der Drang definiert werden kann »als eine ursprünglich ziel- und richtungslose Entladungstendenz aus einer quälenden Unruhe und Spannung heraus« (Knobloch, S. 75).

Es liegt auf der Hand, dass gerade die starke Betonung der Unterlänge in der Schrift Freuds die Vorstellung der »Triebhaftigkeit« auf den Plan ruft. Doch so zwingend die Vorstellung von der Unterzone als Raum des »Instinktes«, des »Tiefen-Ichs« und der Triebverfangenheit ist, so sehr ist sie geneigt, falsche Spuren zu legen. Dies gilt erst recht dann, wenn zu den genannten Entsprechungen noch die Vorstellung des »Materialismus«, der »substantiellen Verhaftung« tritt. Man hüte sich hier vor allzu starken Festlegungen. Entscheidend ist weniger das Faktum der betonten Unterlänge an sich als vielmehr die Bildung der Formen und der Gestaltung des Raumes. Immerhin kann man annehmen, dass eine ausgeprägte Unterlänge einen Sinn für »Praktisches« und für Lebensrealitäten vermuten lässt. Die Gleichung Oberlänge = »Theorie«, Unterlänge = »Praxis« greift entschieden zu kurz. Zulässiger erscheint die Aussage, dass mit der Unterlängenbetonung die Konkretion des Denkens angestrebt wird, die als leer und lebensfremd empfundene Theorie dagegen abgewiesen wird. Vergessen wir nicht, dass wir es mit einem im Stier Geborenen zu tun haben. Zwar treten die üblichen stiertypischen Elemente in der Schrift Freuds nicht sehr stark in den Vordergrund – das Gerundete, in sich Geschlossene tritt hier nicht dominant in Erscheinung, wohl aber der volle Strich – Freud war nach eigenem Bekunden ein Mann, der den Genuss durchaus zu schätzen wusste. Dabei ist zu ergänzen, dass Freud das Thema des Stiers auch insofern verwirklichte, als er stets die Stellung und Sicherung des Einzelnen in der Gemeinschaft im Blick hatte.

Auffällig ist die vergleichsweise dichte Textur des Schriftbildes. Auch sie kann auf den Stiereinfluss zurückgeführt werden. Es kommt zu Verdichtungen, ja Verstrickungen in den Unterzonen, und man mag hier Analogien zu den Dickichten der unterbewussten Regionen der Psyche sehen. Umso wichtiger aber ist es, festzuhalten, dass die Leserlichkeit trotz der so starken Antriebsbewegung gänzlich gewahrt bleibt und dass die Buchstaben präzise ausgeformt sind. »Wo Es war soll Ich werden«, sagte Freud. Wenn wir – die genannten Vorbehalte im Auge behaltend – die Unterzone dem »Es« zuordnen, so kann die Leserlichkeit der Schrift und die Klarheit der Formen auch verstanden werden als Bewusstwerdung und Integration der bis zu Freud weitgehend verdrängten »unbewussten« Schichten der menschlichen Psyche.

Man vergleiche Freuds Schrift mit dieser:

*Abbildung 53: Schriftprobe gestörtes Raumbild*

Nur auf den ersten Blick ein vergleichbares Bild, auch hier ist Dranghaftigkeit zu sehen. Doch es stellt sich umgehend der Eindruck von Hektik und Überspanntheit ein. Der erste Eindruck des bei Klages wiedergegebenen Schriftbildes – »chaotisch!« – wird dem Bild nicht wirklich gerecht. Denn es fehlt hier keineswegs an intelligenter Formenbildung und -vereinfachung. Auch lässt der starke Verbundenheitsgrad Stringenz, Zielstrebigkeit, vermutlich auch eine, allerdings recht ruppig anmutende, Form der Diplomatie erkennen. Aber der dominante Eindruck ist der eines massiv gestörten Raumbildes, vor allem der einer erheblichen Reizbarkeit, die Klages zufolge einen hysterischen Charakter vermuten lässt.

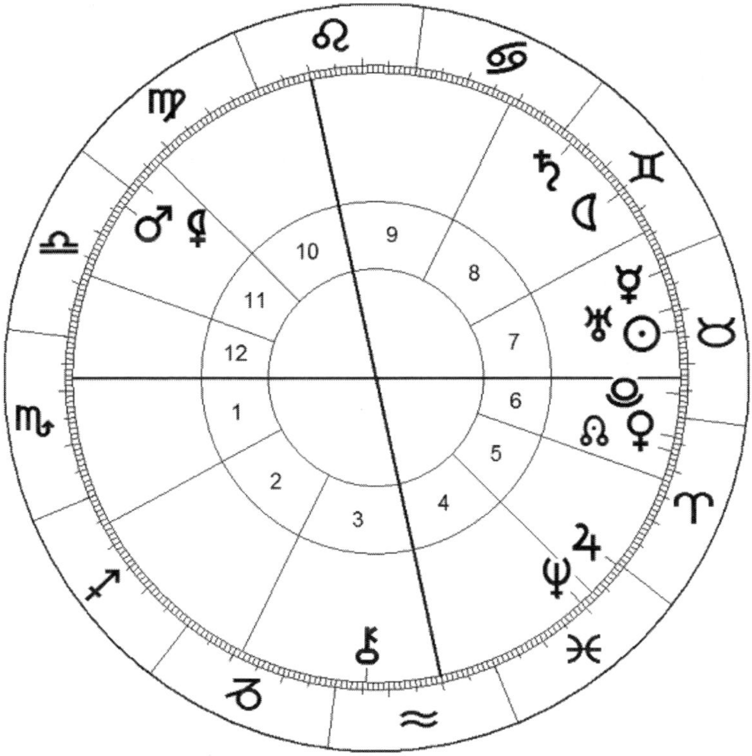


*Abbildung 54: Sigmund Freud, 6. Mai 1856, 17:32 h UT, Pribor, CZ*

Die Geburtszeit Freuds ist nur annähernd bekannt, doch kann der AC im Skorpion als gesichert gelten (Pluto dürfte in den Orbis des DCs zu rechnen sein). Wir sahen bereits an anderer Stelle, dass ein Skorpion-AC zur Formfestigkeit tendiert und oft ein überdurchschnittliches Maß an Kontrolle (mit der Tendenz zur Übersteuerung) des Schriftbildes anstrebt. Vor allem sehen wir im Horoskop die in der Schrift ersichtliche »Öffnung« des Ichs, auch dessen Mitteilungscharakter. Der Zwillingsmond neigt zur Neugierde, im achten Haus stehend aber zielt der offensichtliche Wissensdrang auf die verborgenen Antriebsmotive, auf das »Okkulte«, »Tabuisierte« (S. Freud: »Totem und Tabu«).

# Carl Gustav Jung

## Schriftweite

Die Schrift C. G. Jungs ist ein Beispiel dafür, wie rasch man gerade mit Blick auf die Deutung der Unterlänge zu falschen Schlüssen kommen kann. Man sollte erwarten dürfen, dass der Tiefenpsychologe C. G. Jung in besonders starken Maße eine Betonung der Unterzone ausgebildet hätte. Schließlich ist doch kein anderer Tiefenpsychologe in diesem Maße den Tiefen der archetypischen Bilder nachgegangen. Tatsächlich aber sind die Unterlängen in der Schrift C. G. Jungs unauffällig, sie treten hinter der betonteren Oberzone zurück. Der Vergleich der Schriften Freuds und C. G. Jungs veranschaulicht den grundlegenden Unterschied der von den beiden vertretenen psychoanalytischen Richtungen. Ging es Freud vordringlich um die Bewusstmachung der Komplexität der Triebstrukturen mitsamt der in ihnen angelegten Gefährdungen (siehe den »Todestrieb«), so rückt bei C. G. Jung die Selbstwerdung des Menschen, die »Individuation« in den Mittelpunkt. Man muss sich vergegenwärtigen, dass diesem Falle nicht allein die beiden Sonnenzeichen das Miteinander infrage stellten. Im Falle von Freud und Jung standen die jeweils willensmäßig aufgeladenen Polaritäten von Stier/Skorpion hier und Löwe/Wassermann dort in unvereinbarer Weise gegenüber.

Die »echte« Löweschrift – d.h. diejenige, die keine falsche Souveränität vorspielt – bedarf keiner übermäßig entwickelten Formsprache. Es finden sich allerdings, so auch hier, gehäuft große Anfangsbuchstaben. Kommt dazu ein Wassermann-AC, so ist mit einem eher weiträumig angelegten Schriftbild zu rechnen, jedenfalls nicht mit einem stark verdichteten wie dies bei Freud der Fall ist. Wir finden Weite der Schrift bei eher kleinem Wortabstand und einem starken Verbundenheitsgrad: Der Rechtszug, der mit der weiten Schrift verbunden ist, ist der Zug des Sich-Öffnens. Sofern er nicht mit einer Vernachlässigung der Formen (etwa durch übermäßige Fadenbildung) einhergeht, wird man dies als Offenheit für Neues, generell als Beleg für Aufgeschlossenheit werten dürfen.

Wir sehen hier die klare Entsprechung zur Grundthematik des Geburtsbildes von C. G. Jung: AC Wassermann, der klassische Herrscher des Wassermanns, in eben diesem Zeichen, Uranus im Löwen

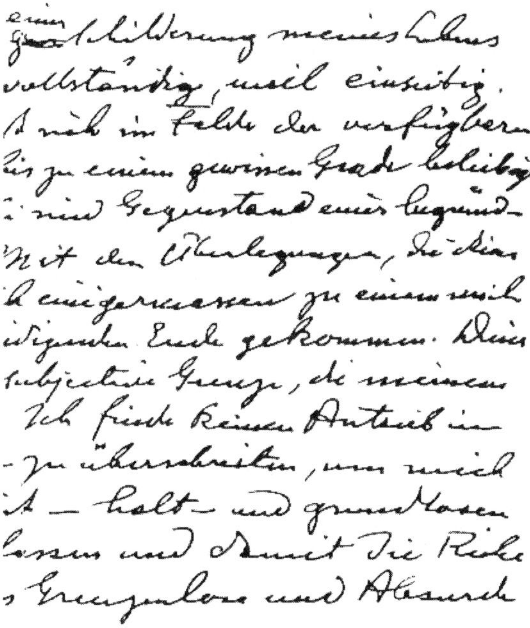

*Abbildung 55: Carl Gustav Jung*

in Haus sieben, in Konjunktion mit dem DC die Löwesonne. Bringt man Schrift- und Geburtsbild zusammen, wird man wenig Mühe haben zu verstehen, dass Jung nicht gewillt sein konnte, sich ein Leben lang der als beengend empfundenen Psychologie Freuds zu verpflichten. Nachdem Jung 1910 erstmals die freudsche Libidotheorie kritisiert hatte, setzte die unumkehrbare Entfremdung ein, die 1913 den definitiven Bruch zwischen den beiden zur Folge hatte. Zu diesem Zeitpunkt war in der rhythmischen Bewegung (gegen den Uhrzeigersinn) über den Phasenherrscher Mond dessen Quadratur auf Uranus in Haus sieben ausgelöst. Jungs Schrift ist zügig, straff geführt (nahezu völlige Verbundenheit), dabei lebhaft – oder besser lebendig, nicht im Sinne des vitalen Antriebs, sondern verstanden als Miteinander von Agilität und Unbefangenheit. Mit Blick auf die Schriftweite kann allerdings nicht übergangen werden, dass diese bei

C. G. Jung Schwankungen unterliegt – möglicherweise ein Hinweis auf ein ungesichertes Selbstwertgefühl oder auch die Möglichkeit einer ungeklärten Zielsetzung – ob dauerhaft oder vorübergehend muss offen bleiben. Dies mag daran gelegen haben, dass Jung einen über Jahre gehenden Ablöse- und Selbstfindungsprozess durchzustehen hatte. Es überwiegt hier aber insgesamt der Eindruck des konsequenten Fortschreitens auf dem einmal beschrittenen Weg.

Da sich zwangsläufig die Frage einstellen wird, wo denn die Offenheit C. G. Jungs für die Bildwelt gegeben sei: Astrologisch gesehen wird eine Erscheinung zum Bild im dritten, nicht im zweiten Qadranten.

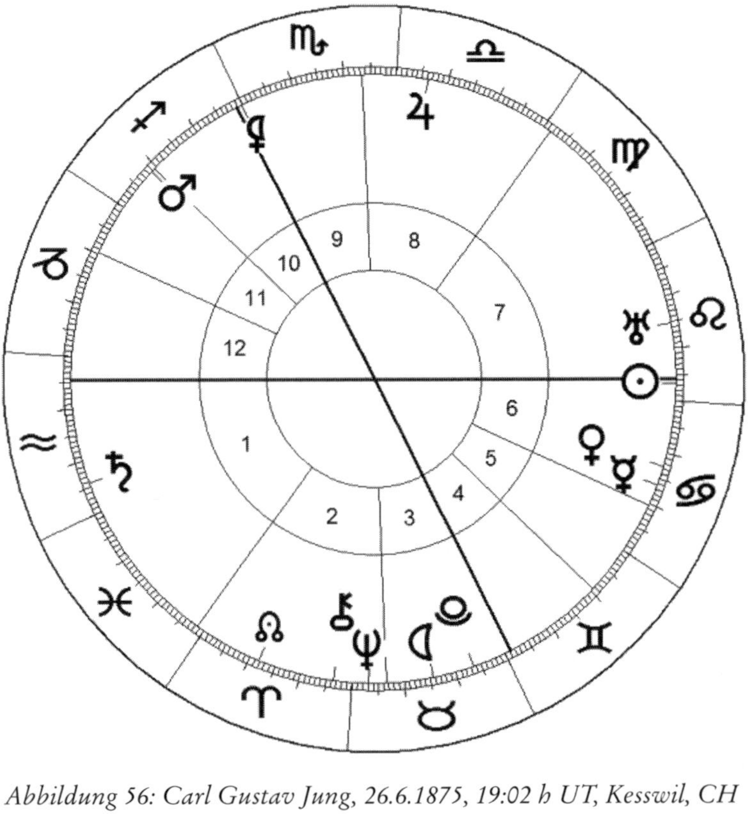


*Abbildung 56: Carl Gustav Jung, 26.6.1875, 19:02 h UT, Kesswil, CH*

# Karlheinz Stockhausen

Zeilenneigung – Raumbild – Schriftlage (Rechts-, Linksschrägheit) – Vereinfachung – Eile (Bewegungsbild) – Schriftgröße – Verhältnis der Zonen

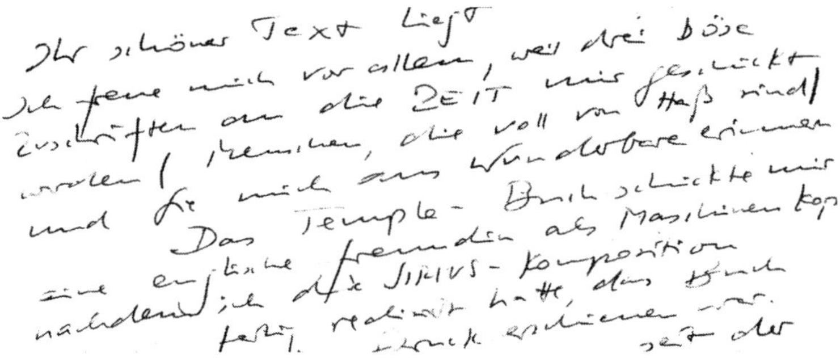

*Abbildung 57: Schriftprobe Karlheinz Stockhausen*

Der 2007 verstorbene Karlheinz Stockhausen zählt zu den bedeutendsten Komponisten der modernen Musik. Über Jahrzehnte galt er als Hauptrepräsentant der musikalischen Avantgarde. Sein kaum überschaubares Werk umfasst rein synthetisch-elektronische Musik, Vokalmusik, Kompositionen für Klavier und Kammermusik ebenso wie den in über zwei Jahrzehnten entstandenen Opernzyklus »Licht«. An Stockhausen schieden sich die Geister – und nicht allein auf dem Feld der Musik. Immer wieder musste er sich den Vorwurf gefallen lassen, er sei ein Egomane, für den nichts zähle als die eigene Musik. Außerdem nahmen viele Anstoß an Stockhausens »Esoterik«. Seine Behauptung, auf geistigen Sphären mit dem Fixstern Sirius verbunden zu sein, amüsierte selbst manch einen derjenigen, die die Musik des »Neutöners« zu schätzen wussten. Es fehlte nicht an abfälligen Bemerkungen. Meist aber standen Neid und Kleingeisterei dahinter.

Stockhausens Schrift straft den Vorwurf der Egomanie Lüge. Weder haben wir es mit einer übergroßen Schrift zu tun, noch mit den sonstigen vertrauten Merkmalen einer übermäßigen Ich-Zentrierung. Einzig die

Anfangsbetonung, spezifisch bei den Großbuchstaben, spricht von einem ausgeprägten Selbstbewusstsein. Doch die Schrift hat nichts Lärmendes an sich, sie verzichtet auf Dramatisierung. Auch kommt sie ohne unnötige Bereicherungen aus, ihre Tendenz zur Vereinfachung spricht für Sachlichkeit, für Konzentration auf das Wesentliche – und dies konnte für Stockhausen nur die Musik und die unermüdliche Arbeit an seinen Kompositionen sein. Die Vereinfachung der Formen verhindert das Abgleiten in das Nebensächliche, sie strebt die Nähe zur Sache an und erreicht die Unmittelbarkeit der Aussage.

Im Mittelband ist die Schrift auffallend schmal. Wir haben es hier mit einem wichtigen Aspekt des Raumbildes zu tun. Das normale Verhältnis von Ober-, Mittel- und Unterlänge ist der Schulschrift gemäß – 3:2:1. Man muss im Falle Stockhausens nicht nachmessen, wiewohl mitunter eine Lupe oder ein Lineal zwecks Messung vonnöten ist. Es gibt Fälle, in denen man ein Merkmal übersieht, da es durch andere überlagert ist. Beim Schriftbild Stockhausens (und nur hier) gehen wir zum Thema Schriftgröße ins Detail: Die Größe einer Schrift ist mit Sicherheit nur aus dem Originalschriftstück ersichtlich. Vielfach werden Schriften in Vergrößerung oder Verkleinerung reproduziert. Handelt es sich um grafologische Veröffentlichungen, dann wird meist der Grad der Vergrößerung angegeben sein (z.B. Vergrößerung um ein Viertel). Herrscht hier keine Klarheit, sollte man von einer Deutung dieses im Grunde wichtigen Deutungsmerkmals absehen. Dazu kommt, dass die Schriftgröße je nach der beschriebenen Schreibfläche wechseln kann. Ist diese eher klein (z.B. eine Postkarte), wird sich die Schrift in Anpassung daran »raumökonomisch« verkleinern. Ist die zu beschreibende Fläche sehr groß, neigt der Schreiber meist zur Vergrößerung seiner Schrift (allerdings gibt es auch Fälle des »horror vacui« – der Angst vor der Leere des übergroßen Raumes, mit der Folge, dass sich die Schrift instinktiv verkleinert). Dies ist übrigens nur einer der Gründe, warum der Grafologe nach Möglichkeit das Original zur Hand nimmt. Ein weiterer betrifft die Druckstärke, welche u.a. aus dem Eindruck auf das Papier ersichtlich wird (oft auf der Blattrückseite sicht- oder ertastbar). Die nachfolgenden Angaben sind also mit Blick auf die oben genannten Umstände im Einzelfall zu relativieren. Man kann hier von den Lang- oder den Kurzbuchstaben ausgehen – die Resultate werden sich ähneln. Wer diesem Merkmal besonderes Gewicht gibt, sollte beides berücksichtigen. Für die Kurzbuchstaben gilt, dass die (regelmäßige!) Überschreitung von drei Millimetern eine große Schrift ergibt, die Unterschreitung von 2 Millimetern eine kleine Schrift. Nach Robert Heiss gilt für die Langbuchstaben, dass man bei Überschreitung von 15 Millimetern von einer großen Schrift sprechen kann. Bei 12–15 mm gilt die Schrift als annähernd groß, 9–12 mm gelten als mittelgroß, 6–9 mm als fast klein und bei Unterschreitung von 6 mm spricht Heiss von einer kleinen Schrift. – Vorsicht: Eine steile Schrift erscheint größer, eine schräge

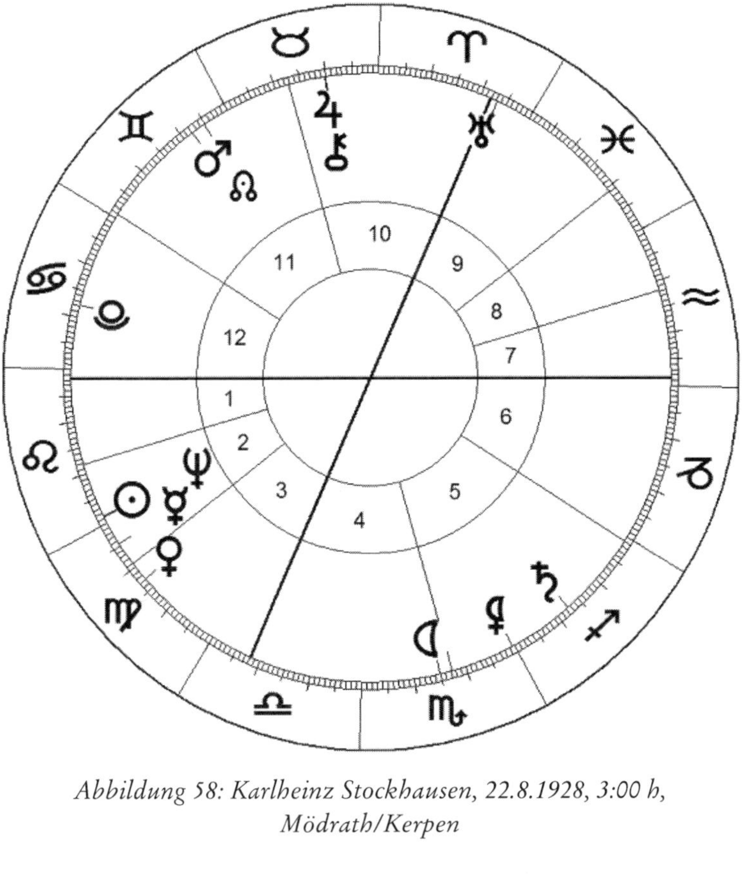


*Abbildung 58: Karlheinz Stockhausen, 22.8.1928, 3:00 h, Mödrath/Kerpen*

Schrift kleiner. Will man hier Sicherheit haben, sollte man sich nicht scheuen, das Lineal in die Hand zu nehmen und präzise nachzumessen. Im Falle der Schrift Stockhausens überschreiten die Kleinbuchstaben nie die 3 mm, oft unterschreiten sie die 2 mm. Auch die gelegentlich stark betonten Großbuchstaben überschreiten so gut wie nie die Größe eines Zentimeters – sie wirken größer, weil sie sich deutlich gegenüber dem schmalen Mittelband abheben. Die Schrift Stockhausens ist definitiv also keine große, allenfalls eine mittelgroße Schrift.

Dabei war Stockhausen mit einer Löwesonne geboren und der Leser wird sich möglicherweise fragen, wo hier die Verwirklichung des Themas in der Schrift aufzufinden sei. Diese aber ist im Schriftbild klar gegeben – jedoch nicht mittels plakativer Effekte, sondern auf dem Wege einer freien, souveränen Gestaltung. Die Raumbeherrschung ist ebenso selbstverständlich wie sie in müheloser, mitunter gar spielerischer Weise erfolgt. Dies ist charakteristisch für einen Vertreter der seriellen Musik, die auf die Durchbrechung der Konvention durch das Mittel der Aleatorik zielte (der gelenkte Zufall).

Es überwiegt der Eindruck der Eile, diese aber ist gepaart mit hochgradiger Wachheit, Intelligenz und Lebendigkeit. Zwar weist die Schrift Vereinfachungen im Sinne der Ökonomie auf, doch nirgendwo finden sich vernachlässigte Formen. Präzision und Direktheit prägen das Bild. Exaltierte Bereicherungen, erst recht solche unechter Art, zeigen sich an keiner Stelle. Die gelegentlich auftauchenden »exzentrischen« Formbildungen – vor allem das tief reichende »f« – fallen nicht aus dem Gesamtbild heraus. Die Schrift wirkt rhythmisch, der Bewegungsablauf ist frei, an keiner Stelle kommt es zu Stauungen.

Das Geburtsbild zeigt eine starke Löwesonne, dazu maximalbedeutsam Uranus am MC, auch Jupiter (mitsamt seiner Opposition auf den Mond) ist in die elementare Deutung mit einzubeziehen. Die Konjunktion der Sonne mit Neptun hat im Falle dieser Nativität nicht etwa zu einer Auflösung der Formen geführt – im kompositorischen Schaffen ebenso wenig wie im Schriftbild. Man kann eher von einer Ausweitung des Subjektiven ins »Kosmische« sprechen. Wem der Ausdruck aufgebläht erscheint (Stockhausen hätte ihn wohl akzeptiert), der mag es vorziehen, von einer transpersonalen Ausrichtung (oder Ähnlichem) des Komponisten zu sprechen. Das Schriftbild bestätigt, dass es gänzlich abwegig wäre, von bloßer Ich-Aufblähung zu sprechen. Wir sehen keine Spur von Verschwommenheit, Diffusem oder gar Formenauflösung.

Der Eindruck des freien Sich-Aufschwingens, der »lichte« Gesamteindruck des Bildes entspricht dem im Horoskop zu exponierten Uranischen. Hier ist Gelegenheit, einem wesentlichen Aspekt des Raumbildes, der Zeilenführung, nachzugehen. Zu unterscheiden ist dabei zwischen der steigenden Zeile, der fallenden, der nach oben gewölbten und der nach unten gewölbten, der unregelmäßig, also schwankend und der »dachziegelförmig« steigenden (etwa so: zwei Schritte voraus, einer zurück, zwei voraus). Zur Feststellung der Zeilenführung sollte man ein Lineal benutzen, gerade bei diesem Merkmal unterliegt man nur allzu oft einer Täuschung. Manche Zeile, die gradlinig-stabil erschien, erweist sich dann unvermittelt als sehr schwankend. Das vorliegende Schriftbild zeigt klar eine steigende Zeilenführung. Sie gilt gemeinhin als Ausdruck einer gehobenen Stimmung, einer schwingenden Bewegtheit. Von einem sanguinischen Temperament sollte bei Stockhausen jedoch nicht vorschnell gesprochen werden, dem widerspricht der Gesamteindruck, der bei aller Freiheit spezifisch des Raumbildes eher den Eindruck einer straff geführten Feder macht. Eine sanguinische Verfassung gäbe dem Merkurialen im Schriftbild mehr Gewicht. Im Negativfall – der Befund des Gesamteindrucks vorausgesetzt – neigt der Schreiber, der das Merkmal der steigenden Zeile aufweist, zu Leichtsinn, »Abgehobenheit« und übermäßiger Selbstsicherheit. Die konstant steigende Zeile, hier durchgängig gegeben, ist für sich genommen jedoch keineswegs Garant einer lebensbejahenden Persönlichkeit. Wie immer hat der Gesamteindruck zu entscheiden. Es kann jedoch wohl als gesichert gelten, dass die kontinuierlich steigende Zeile einen Menschen verrät, den es in ständige Aktivität drängt – wobei jeweils eine klare Ausrichtung gegeben ist. Stockhausen galt dementsprechend als unermüdlicher Arbeiter, der unabhängig von Tageslaunen oder sonstigen Einflüssen ein immenses Leistungspensum absolvieren konnte. Es heißt, es habe wohl kaum einen Tag in einem halben Jahrhundert gegeben, an dem Stockhausen nicht komponiert habe. Den Aussagen seiner nahen Bekannten zufolge blieb die Schaffenskraft bis zum Tag vor seinem Tod ungebrochen.

Nachbemerkung: Auch derjenige, dem das Aleatorische in der Musik (das Zufallsprinzip – Uranus!) fremd ist und der keine Sympathie für die fremdartigen, zuweilen erschreckenden Klangwelten der Musik Stockhausens zu entwickeln vermag, wird Gefallen finden an der Komposition »Tierkreis«, ursprünglich für Spieluhren (Löwe – das Spiel) geschrieben, aber von Stockhausen für faktisch beliebige Instrumentalbesetzungen freigegeben. Die Musik, je eine Komposition für die zwölf Tierkreiszeichen, zeugt von einem tiefen intuitiven Verständnis der Energien der Tierkreiszeichen.

## Alexander von Humboldt

Rechtsläufigkeit

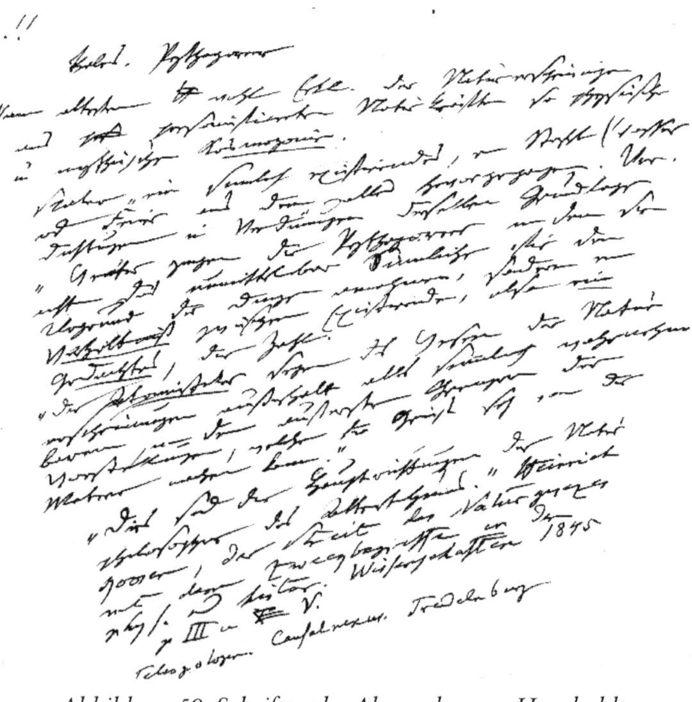

*Abbildung 59: Schriftprobe Alexander von Humboldt*

Alexander von Humboldt war einer der letzten Universalgelehrten, »der zweite Entdecker Amerikas«, der bedeutendste Geograf des 19. Jahrhunderts, Naturforscher, Botaniker, Kartograf, Völkerkundler, Redner, Publizist ... In Südamerika ist sein Name jedem geläufig, wohl kein Europäer wird bis auf den heutigen Tag dort so in Ehren gehalten wie Alexander von Humboldt. Goethe sagte von ihm, es finde sich wohl niemand, der es an Kenntnissen und lebendigem Wissen mit diesem Forscher aufnehmen könne.

Wir sehen eine eilige, fast fliegende Schrift. Knobloch rechnet sie wie die Freuds (siehe dort) zu den dranghaften Schriften. Im Unterschied zur Schrift Freuds aber wird hier mehr Weite sichtbar: Der Wortabstand ist »freier«, und die Wortenden drängen auf Erweiterung. Stete Erweiterung des Horizontes und des Wissens aber war der nie versiegende Antrieb von Humboldts. Der Eindruck der energisch nach vorne drängenden Schrift wird nicht zuletzt durch die ausgeprägte Rechtsläufigkeit der Schrift mitbestimmt. Wir sind in der Schrift von Diana (s.o.) einer markanten Linksläufigkeit begegnet. Ist die Linksläufigkeit mit einer Selbstsammlung und -bewahrung verbunden, so die Rechtsläufigkeit mit einem entschiedenen Zugehen auf das Du hin. Wir finden einen grundlegenden Zug in die Expansion, es geht um die Erweiterung des eigenen Horizontes, das Interesse an Umwelt und Öffentlichkeit. Vieles hängt ab vom Gesamtbild, zudem vom Grad der Rechtsläufigkeit. Im Falle Humboldts ist sie verbunden mit einer auffallend stark ansteigenden Zeile, eine deutliche Bestätigung von Aufgeschlossenheit und Erlebnisbereitschaft, die sich zum Drang ins Abenteuer steigern kann.

Es überrascht nach dem Gesagten wenig, in Humboldts Horoskop auf einen Schütze-AC zu stoßen. Es ist vor allem wohl diesem zuzuschreiben, dass die Schrift die für Jungfrau gewohnte Enge im Wort weitgehend hinter sich lässt. Man hat davon abgesehen jedoch wenig Mühe, in dieser Schrift jungfrau-typische Bewegungen und Formen zu finden. Die Schrift ist eher klein, dabei präzise und bei aller Dranghaftigkeit nie nachlässig geführt. Der Zug in die Vereinfachung dient der Wahrung des Überblicks des Schrift- und damit des Lebensraumes. Auf Elemente der Bereicherung wird verzichtet, die Schrift zeichnet sich auch in der Bewegung durch ökonomischen

Duktus aus. Fasst man diese Schrift eingehend ins Auge, so erweist sich auch hier, dass es der Jungfrau mehr als jedem anderen Zeichen gegeben ist, Zweckmäßigkeit und Rationalität mit der Wahrung seelischer Eigenart zu verbinden. Charakteristisch für viele Jungfrau-Schriften ist die Genauigkeit im Detail in Verbindung mit einem überschaubar gehaltenen Raum. Es zeigt sich hier also das für die Jungfrau so typische Verhalten, sich des eignen Umraumes wachsam kontrollierend zu vergewissern.

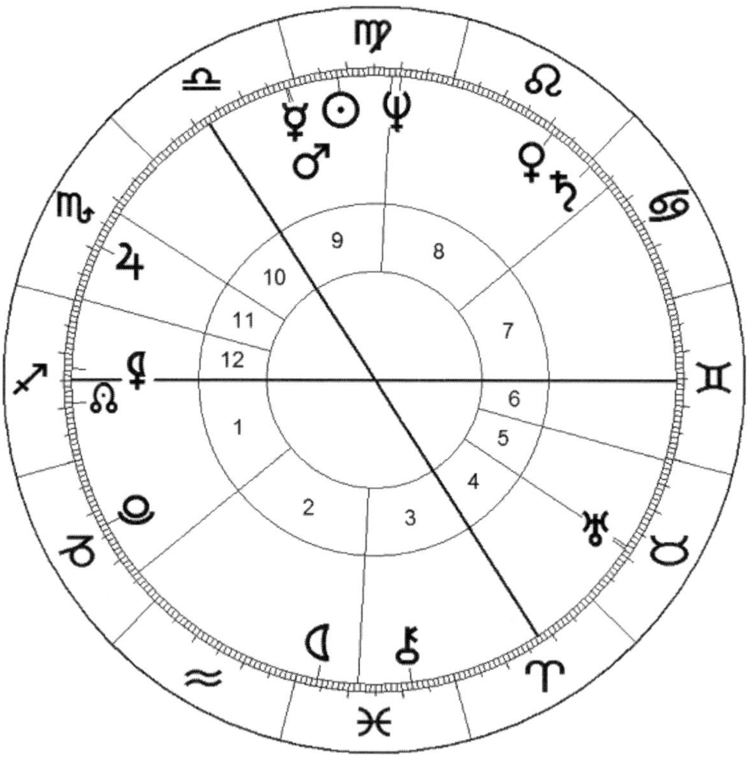


*Abbildung 60: Alexander von Humboldt, 14.9.1769, 13:30 h LMT, Berlin*

Dass Humboldt ein bedeutender und unermüdlicher Sammler war, geht aus dem Geburtsbild nur mittelbar hervor (der Mond im zweiten Haus). Wie die mit der Horizontalachse zusammenfallende Mondknotenachse zeigt, ging es nicht um den substanziellen Nutzen des Gesammelten, sondern um den Erkenntnisgewinn, der sich aus diesem ziehen ließ. Man achte in diesem Zusammenhang auch auf den im zweiten Haus zur Gänze eingeschlossenen Wassermann, der eine Massierung der Materie um ihrer selbst willen verhindert. Auch der Fischemond im zweiten Haus in Opposition zu Neptun sucht den offenen Horizont. Seine Regenten, Jupiter und Neptun, zielen auf den dritten und vierten Quadranten, mithin auf die Überwindung der persönlichen Verhaftung an den bloßen Bestand (Humboldt konnte sich diese Freiheit eh zugestehen, da er von Geburt an ohne jeden ökonomischen Zwang leben konnte).

Ein Wort noch zum Linksrand: Ist er, so wie hier gegeben, breit, so wird man von Großzügigkeit, innerer Weise ausgehen dürfen, auch von Ungeduld, sofern der Gesamteindruck hier klare Bestätigung gibt. Der Eindruck von Enthusiasmus, auch Freigebigkeit stellt sich dann ein, wenn der Linksrand nach unten hin breiter wird.

## Johann Wolfgang von Goethe

### Raumökonomie

Auf dem Buchdeckel von H. Knoblochs exemplarischer Einführung in die Grafologie sieht man ein von Goethe geschriebenes »g«, für Knobloch ein Muster an vollendeter Formgebung. Goethe, mit der Sonne in der Jungfrau im zehnten Haus geboren, hatte einen Skorpion-Aszendenten mit Mars als klassischem Herrscher im Steinbock in Haus zwei und Pluto im ersten Haus. Der Mond steht in Goethes Horoskop im vierten Haus in den Fischen. So unterschiedlich die Schriften Humboldts und Goethes auch sind, es findet sich in beiden die für die Jungfrau so charakteristische Wahrung der Überschaubarkeit der Umwelt. Das bei Goethe so häufig anzutreffende Motiv der gelösten Seele (»... Lösest endlich auch einmal

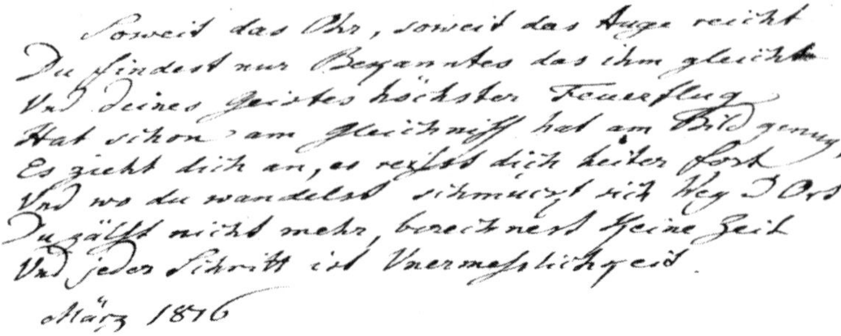

*Abbildung 61: Schriftprobe Johann Wolfgang von Goethe*

meine Seele ganz …«) wird hier sichtbar an der frei geführten Bewegung speziell in der Unterzone. Wer will, mag darüber spekulieren, ob die so stark erweiterte Unterzone ein Ausdruck des »Abstiegs zu den Müttern« ist (Faust II). Das für unsere Perspektive Bemerkenswerte an dieser Schrift: Obwohl die Bewegung raumgreifend ist, stellen sich nirgendwo beklemmende Störungen ein. Selbst dort, wo es zu Überschneidungen der Schriftbewegung kommt, bleibt der Eindruck der konzentriert im Auge behaltenen Raumökonomie gewahrt.

## Simone Weil

Zeilenneigung – steile Schrift – Arkade – »Rhythmus« – Parataktische Anordnung

Mathematikerin (Geometrie, gegen die Arithmetik), Sozialistin (»die rote Jungfrau«), im spanischen Bürgerkrieg als Freiwillige auf der Seite der Republikaner, Philosophin, Mystikerin (als Jüdin an der Schwelle zum Christentum) … es werden sich wenige Persönlichkeiten finden, die so unterschiedliche, zum Teil widersprüchliche Aspekte in ihrem Leben verkörpert haben. Diejenigen, die sie kannten, waren sich einig, dass Simone Weil eine einzigartige Persönlichkeit war. Stimmen zu Person und Werk: *»Ich beneidete sie um ein Herz, das imstande war, für den ganzen Erdkreis zu schlagen.« (Simone de Beauvoir) »… eine*

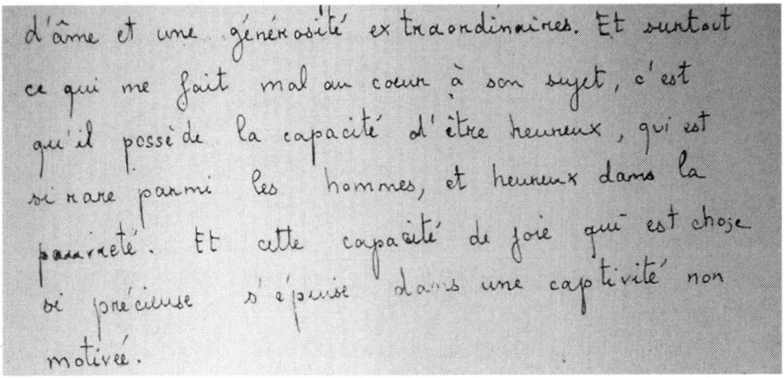

d'âme et une générosité extraordinaires. Et surtout
ce qui me fait mal au coeur à son sujet, c'est
qu'il possède la capacité d'être heureux, qui est
si rare parmi les hommes, et heureux dans la
pauvreté. Et cette capacité de joie qui est chose
si précieuse s'épuise dans une captivité non
motivée.

*Abbildung 62: Schriftprobe Simone Weil*

*Zeugin des Absoluten« (Gabriel Marcel). »Simone Weil hatte das Zeug zur Heiligen … Hier und da ist man betroffen von dem Gegensatz zwischen einer fast übermenschlichen Demut und dem, was eine Ärgernis erregende Anmaßung zu sein scheint.« (T. S. Eliot)*

Im Horoskop ein Schütze-AC, der AC-Regent im neunten Haus, dazu eine Wassermannsonne. Der Herrscher über Haus neun ebenfalls in Haus zwei im Wassermann, Uranus unweit der Venus im ersten Haus – wir haben wenig Mühe, hier die Philosophin zu finden (nach traditioneller Lesart Schütze/Jupiter/Haus neun). Nicht minder eindeutig ist das Thema des Sozialismus gegeben: der Wassermann mitsamt Planetenbesetzung im ersten Quadranten, spezifisch auf Haus zwei bezogen – die Gleichheit im Bereich des Substanziellen.

Wie bringen wir hier Schrift und Horoskop zusammen? Die typische Handschrift des Schützen ist raumausgreifend, oft »peitschenförmig« ausschwingend, eher weiträumig als gedrängt. Und bei einem stark uranisch geprägten Nativen erwarten wir, darin landläufiger Vorstellung folgend, exzentrische Elemente, ein unruhig-bewegtes Bild, vielleicht gar eines mit »genialischen« Momenten. Wenig oder gar nichts davon findet sich in der Handschrift Simone Weils. Sie ist konzentriert geschrieben, akribisch genau werden die Buchstaben gesetzt, nichts ist hier exaltiert oder »drängend«. Keine Spur einer Passion. Die Formgebung ist alles andere als exzentrisch, tatsächlich möchte man meinen,

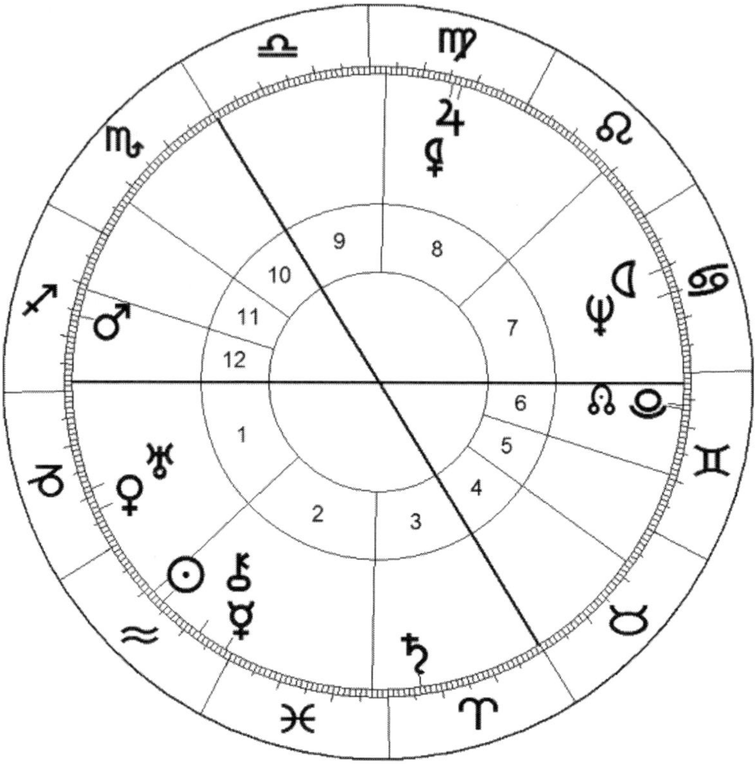


*Abbildung 63: Simone Weil, 3.2.1909, 5:00 h LMT, Paris, F*

dass sich die Schreiberin kaum je von der Schulvorlage gelöst hat. Dies gilt gemeinhin als nachteilige Aussage, denn die Ausbildung einer individuellen, »persönlichen« Schrift spiegelt nun einmal den Weg zum gereiften »Ich«.

Je mehr ein Mensch von der Schulvorlage abweiche, desto höher sein Formniveau, desto höher seine Bildung, seine Gelehrsamkeit, seine Intellektualität – so Klages. Dieser Satz sollte jedoch nicht zur Annahme verleiten, eine Schrift habe ein besonderes Maß an »Originalität« anzustreben – das Thema haben wir hier bereits weiter oben angesprochen. Wie in diesem Buch schon eingangs gesagt wurde: Es fällt immer wieder ins Auge, dass die Schrift bedeutender Persönlichkeiten häufig auffallend schlicht ist, auf die effektvolle Gebärde gänzlich verzichtet – so auch die Schrift Simone Weils.

Hat man aber das Gesamtbild ins Auge gefasst, kann sich der Blick dem Detail zuwenden. Man beachte die minutiös gesetzten Akzente und i-Punkte. In einer drängenden, schnellen Schrift sind sie selten exakt über dem entsprechenden Buchstaben, sie finden sich meist merklich nach rechts versetzt. Und: Ein i-Punkt ist in dieser Schrift ein Punkt, kein Strich. Ähnlich die t-Striche, auch sie sind sorgfältig gesetzt. Bei ruhiger Betrachtung erweist sich aber, dass die Schrift keineswegs unlebendig ist oder gar banal wirkt. Zwar wahrt sie gegenüber dem Betrachter entschieden Abstand, sie drängt sich an keiner Stelle auf, aber sie wirkt nicht abweisend, auch wenn sie dem einen oder anderen als kühl erscheint. Gewiss ist sie nicht kalt, wohl aber auf persönliche Abgrenzung bedacht. Zwei klar ausgebildete Merkmale sind hier bestimmend: zum einen die durchgehenden Arkaden, zum anderen die Steilheit.

Die Arkade »deckt«, sie überwölbt, schließt ab, schützt aber auch. Dazu kommt die Qualität der »Tragfähigkeit«. Man vermeide aber den Trugschluss, die Arkadenschrift sei zwangsläufig eine wenig dynamische oder gar eine tendenziell träge. Man hat wenig Mühe, eilige, straff geführte Arkadenschriften zu finden. Die Arkade zeigt wohl grundsätzlich Zurückhaltung und Reserviertheit an, muss aber nicht zwingend auf Kontaktscheu oder Abgeschlossenheit schließen lassen. Jedenfalls ist von einer gewissen Verhaltenheit im Sinne des Selbstschutzes die Rede. Die eingehende Betrachtung aber zeigt, dass der Schrift Wärme nicht abzusprechen ist. Die Entsprechung im Geburtsbild ist der Aszendentenherrscher Jupiter in der Jungfrau, in seiner Bedeutung dadurch gestärkt, dass er auf die Vertikalachse zu spiegeln ist. Es fehlte Simone Weil nicht an Kontakten, im Gespräch konnte sie leidenschaftlich argumentieren, doch übte sie sich sonst in Zurückhaltung. Partnerschaft, Sexualität spielten nach allem, was man weiß, offenbar keine Rolle, ihr ging es allein um geistige Verwandtschaft. Wir sehen, dass auf diesem Wege das Thema des Wassermanns ins Blickfeld gerät.

Die große Mehrzahl der Handschriften ist, wie bereits erwähnt, rechtsschräg. Dies entspricht der natürlichen Schreibbewegung, die sich dem Leser, dem Du zuwendet (dies gilt auch dann, wenn der geschriebene Text beim Schreiber verbleiben soll, etwa im Falle des persönlichen Tagebuchs). Linksschrägheit bedeutet gemeinhin Zurückhaltung oder gar Abwehr gegenüber dem Du, oft ist diese Abkehr angstbesetzt. Ausgesprochen linksschräge Schriften sind eher selten. Simone Weils Schrift ist »steil«. Die Steilheit entspricht dem aufrechten Gang. Der aufrechte Gang ist allein dem Menschen vorbehalten, dem anthropos (gr. »der Aufrechte«). Die aufrechte Haltung ist keine, die sich automatisch einstellt, sie bedarf der Achtsamkeit und der ständigen Kontrolle. Die steile Schrift signalisiert den Drang in die Objektivität, in die Kontrolle, zunächst der Eigenperson, möglicherweise aber auch der Umwelt. Wir verstehen, dass Simone Weil hohe Ansprüche stellte – und zwar zunächst an sich selbst: »Denn einzig die Vollkommenheit genügt.«

Man begreift zudem, dass sich die so stark uranisch geprägte Simone Weil so sehr von der Kultur des klassischen Griechenland angesprochen fühlen musste. Denn diese kann als die vollkommene Ausprägung des Wassermanngeistes betrachtet werden. Griechenland war der Ort, an dem die Gleichheit der Menschen im Geistigen begriffen wurde, und hier liegen die Anfänge der Demokratie, welche immer die Polarität von Freiheit und Gleichheit neu zu bestimmen hat. Simone Weil sah die Geometrie geradezu als einen Weg der Kontemplation des Göttlichen, und an den Namen Thales, Euklid und Pythagoras kommt nach wie vor kein Schüler vorbei.

Vor diesem Hintergrund ein Wort zum Raumbild der Schrift. Die Wörter stehen »gleichwertig« nebeneinander, sie sind in parataktischer Weise angeordnet, einander in der Formung sehr ähnlich, annähernd identisch, aber eigenständig, »individuell«. Vielleicht ist dem Betrachter der Schrift ein Wort wie »leicht« oder »luftig« eingefallen. Die Schrift hat tatsächlich etwas Schwereloses, ähnlich wie die des ebenfalls so stark uranisch geprägten Stockhausen. Bezeichnenderweise lautet der Titel des vielleicht wichtigsten Buches von Simone Weil SCHWERKRAFT UND GNADE, in dem sie vom Aufschwung der Seele spricht, die sich der göttlichen Gnade bewusst geworden ist. Die Wörter stehen frei im Raum, der Abstand zwischen ihnen, auch der zwischen den Zeilen, ist groß – ein klarer Hinweis auch auf die Gefährdungen, denen sich die

Schreiberin ausgesetzt sah: Vereinsamung, Unverstandenheit (Charles de Gaulle über sie, die vergeblich versucht hatte, Anschluss an die von ihm in London geführte Exilregierung zu finden: »*Eine Verrückte*«).

Gewiss ist diese Handschrift nicht leicht zu erschließen. (Zur Erinnerung noch einmal der in der Einleitung zitierte Konrad Lorenz: *»Was ein Beobachter an einem Objekt die ersten Male absolut nicht zu sehen vermag, sieht er beim zweihundertsten Male dann doch.«)* Es gilt hier, diese Schrift als eine *rhythmische* zu erfassen. Wir umgehen hier ein weiteres Mal Klages problematischen Begriff des Formniveaus und halten uns lieber an seine Erläuterungen zum Wesen der rhythmischen Schrift. Rhythmus bedeutet für Klages Teilhabe am lebendigen und kosmischen Geschehen. Auf den Schriftablauf bezogen heißt dies, dass wir es mit einem Duktus zu tun haben, dem alle starren, (über-) steifen, allzu regelmäßigen Züge fremd sind – ganz zu schweigen von banalen Formbildungen. Rhythmisch ist eine Schrift, welche »pulsiert«. Unrhythmisch ist eine Schrift dann, wenn sie beispielsweise zerrissen wirkt, beständig ihren Neigungswinkel wechselt, wenn ihre Formenbildung unplausibel (oder gar hässlich) erscheint, wenn die Strichbildung zittert, wenn es zu »unmotiviert« ausfahrenden Zügen kommt etc. Zum so wichtigen Thema der Erfassung des Rhythmus sagt der Grafologe Curt Brenger dieses:

*»Den Rhythmus, der eine Schrift beseelt, kann man theoretisch nicht erfassen und verstandesmäßig nicht klar definieren. Er muss, wie alles Seelische, erfühlt werden. Die Regelmäßigkeit einer Schrift kann klar begriffen, ja selbst gemessen werden, aber niemals der Rhythmus. Jeder, der sonst noch so unregelmäßig und durcheinander schreibt, kann, wenn er sich entsprechend anstrengt, regelmäßig schreiben, wenn auch unsicher und unbeholfen. Ganz ausgeschlossen aber ist es, dass einer rhythmisch schreibt, wenn ihm die inneren Voraussetzungen und die seelischen Kräfte dazu fehlen.«* (C. Brenger, S. 137)

Es zeigt sich aber bei näherer Betrachtung, dass die beiden auf den ersten Blick so verschiedenen Bilder – das Schriftbild hier und das Geburtsbild dort – schrittweise sich gegenseitig annähern und in einen Dialog treten können. Der Wassermann ist als Zeichen des Menschen auch das Abbild des menschlichen Maßes – und damit auch der für die Entstehung von Gesellschaft und Kultur unumgänglichen

Selbsteinschränkung. Wer die Akropolis oder einen der in Teilen noch erhaltenen griechischen Tempel aufsucht, der spürt, dass diese Architektur ihn nicht erdrücken und durch Masse erschlagen will, sondern ihm dazu verhelfen soll, das rechte, eben »menschliche« Maß zu finden (der Mensch als Maß aller Dinge), Überwertigkeiten zu vermeiden und sich gleichermaßen als Individuum wie als »Typus« zu erfahren. Es gibt Hinweise darauf, dass Simone Weil Interesse für die Astrologie zeigte (Cahiers I–IV). Ihr wäre bei näherer Betrachtung ihres eigenen Tierkreiszeichens sicherlich klar geworden, dass Saturn, der klassische Regent über den Wassermann, nach wie vor den Gestaltungen des Wassermanns Maß und Gesetz gibt. Die Berücksichtigung Saturns als Herrscher des Wassermanns ist meines Erachtens grundsätzlich geboten, hier aber zwingend, da Saturn das zweite Haus, in dem Sonne und Merkur stehen, beherrscht. Im dritten Haus gibt sich Saturn nüchtern – und man sagt einem Saturn im dritten Haus (wie auch der Saturn/Merkur-Verbindung) ein Talent zum logisch-mathematischen Denken nach. Die Religiosität Simone Weils (die mystische Erfahrungen eingeschlossen haben muss) stand für sie in keinerlei Gegensatz zu ihrer Liebe zur Mathematik.

Aber Saturns Herrschaft über das zweite Haus schuf zunehmend Kontrolle und Einschränkungen des eigenen vitalen Lebens. Simone Weil, immer schon genügsam, nahm in den Kriegsjahren asketische Verhaltensformen an. Materieller Besitz und physischer Genuss waren ihr völlig gleichgültig. Sie hatte schon immer spartanisch gelebt, nun aber scheint ihre Verweigerungshaltung pathologisch geworden zu sein. Sie vernachlässigte ihre Ernährung, reduzierte sie aufs Minimum. Dem Wassermann geht es um »Reinheit« (man lese diesbezüglich die Dichtungen des Wassermanns Georg Trakl). Dies scheint im Falle Simone Weils zu einer Vernachlässigung der Bedürfnisse des eigenen Körpers geführt zu haben. Wassermann/Uranus hoben das zweite Haus auf, das des Bestandes, auch das der physischen Substanz. Simone Weil starb an Entkräftigung (im Exil in England), vermutlich infolge unzureichender Nahrungsaufnahme, als der laufende Saturn ihren Pluto erreicht hatte (August 1943).

Die Schrift spiegelt die Verzichtleistung insofern, als nichts an unnötiger Bereicherung zu sehen ist. Eine persönliche Profilierung in der Form prägnanter Akzentuierungen unterbleibt gänzlich. Diese Schrift ist »arm«, aber nicht in dem Sinne, dass die Schreiberin in ihrem seelischen Erleben verarmt gewesen wäre (sie hat im Übrigen den Mond im Krebs). Sie ist »arm«, weil sie Ausdruck einer in diesem Maß wohl nur selten anzutreffenden Schlichtheit und Bescheidenheit ist.

## Sylvia Plath

Arkade – Rechtsschrägheit

*»Und ich seh' mich, flach, zum Lachen, der papierne Schatten eines Scherenschnitts. Zwischen dem Auge der Sonne und den Augen der Tulpen. Und ich habe kein Gesicht, ich habe gesichtslos werden wollen.«* Sylvia Plath ARIE – Gedichte, von denen der amerikanische Lyriker Robert Lowell sagte, es seien Gedichte, die Russisches Roulette mit sechs Patronen im Lauf spielten.

Kaum eines der erhaltenen Fotos, auf denen Sylvia Plath nicht lächelt oder gar lacht, als kleines Mädchen, als Teenager, als Ehefrau des Dichters Ted Hughes, der zu den bedeutendsten der britischen Nachkriegsliteratur zählen wird, als junge Mutter. Aber am 11. Februar 1963 dreht sie das Gas auf, hält den Kopf ins Backrohr, und während ihre Kinder im Nebenzimmer schlafen, scheidet die gerade erst 30 Jahre alt gewordene Dichterin aus dem Leben. Doch die Bilder täuschen, sie sollten täuschen. Die ganze Jugendzeit ist geprägt vom Wunsch, sich in optimaler Anpassung zu üben, vor allem, um der so selbstlosen Mutter zu gefallen. Schon mit 21 unternahm Sylvia Plath einen Selbstmordversuch. Danach bleibt sie über Jahre in therapeutischer Behandlung. Dennoch versucht sie mit aller Kraft nach außen den Eindruck der lebensfrohen, optimistischen Frau darzustellen, und sei es auch nur, um die Mutter im Unklaren zu lassen über ihre wirkliche Situation. Ganz selten nur, dann aber in voller Offenheit, verschafft sich die Wahrheit Geltung. So fragt sie sich z.B., warum sie nicht verschiedene Leben anprobieren könne wie Kleider, um zu sehen, was ihr am besten stehe, was zu ihr passe. Masken seien heutzutage das Übliche, schreibt sie, und das Mindeste, das sie tun könne, sei die Illusion zu pflegen, sie sei fröhlich, ausgeglichen und nicht ängstlich.

September 8

Dear Richard,

Thank you so much for your good letter. We have got a nanny for the babies so can leave here with easy heart. We plan to take the train to Holyhead Tuesday night, cross to Dublin by night, say hello to Jack Sweeney & come by rail to Galway Wednesday eveningish. Shall call as soon as we arrive. We would love to stay in your cottage. I don't know when I have looked so forward to anything.

Warmest good wishes,

Sylvia

*Abbildung 64: Schriftprobe Sylvia Plath*

Wir erwähnten, dass die Deutung der Rechtsschrägheit nicht ein Übermaß an Gewicht beilegen sollte, einfach deshalb, weil dies den Normalfall darstellt. In weniger zwingender Weise gilt dies für die steile Lage der Schrift. Auch die Steillage einer Schrift sollte nicht allzu sehr in die Deutung mit eingehen – jedenfalls sollte dies nicht den Schwerpunkt der Deutung ausmachen. Umso mehr aber ist ein Schwanken der Schriftlage gebührend zu berücksichtigen.

In der Schrift Sylvia Plaths wechselt Steilheit mit Rechtsschrägheit – man vergleiche den angesprochenen »Richard« und die nachfolgenden Wörter. Man spürt, dass sich Rechtsschrägheit gegenüber dem Drang zur »Steife« zu behaupten hat – siehe etwa das Wort »Dublin«. Ähnliches gilt für das Verhältnis von Girlande und Arkade – Erstere stellt den Normalfall dar, während die Deutung an dem klar dominierenden Bild einer Linksschrägheit nicht kommentarlos vorübergehen sollte. Diese Schrift ist im Gegensatz zu der Himmlers (siehe dort) nicht bis hin zur Kälte erstarrt. In der Schrift Himmlers ist alles Leben erloschen, in der Handschrift Sylvia Plaths versucht sich das Leben in vergeblicher Weise gegen eine übermäßige Willenssteuerung durchzusetzen. Man achte auf die wiederholte Bildung des »e«: seltsame Verkantungen eines Buchstabens, der selbst in Winkelschriften meist in der natürlich gerundeten Form erscheint (sieht man ab von der bis 1941 gelehrten deutschen Schrift). Auf den starken Drang zur Selbstdisziplinierung weist bei Sylvia Plath zudem die klar vorherrschende Arkade hin. Folgen wir Knobloch auch hier, so gilt, dass die Arkade ungleich mehr an Hinweisen als die »natürliche« Girlande an die Hand gibt. Die Arkade, die an die stabile romanische Architektur erinnert, hat in dieser Schrift ihr Pendant in der charakteristischen Behandlung des »t« – siehe vor allem die Doppelung in »cottage«, geradezu eine »tektonische« Formung. Sehr sprechend ist auch das so massiv stabilisierte »I« gegen Ende des Briefes. Man hat ein mühsam geordnetes Raumbild vor sich, sieht auch das Verlangen nach Genauigkeit im Ausdruck – der für Sylvia Plath der sprachliche war. Man achte etwa auf die akkurate Einhaltung des linken Schriftrandes. Auch sträubt man sich, von einem gänzlich disharmonischen Eindruck zu sprechen. Doch die Bewegung gerät ins Stocken, das Ganze hat etwas Mühsames an sich, die Bewegung kommt nicht in den Fluss, man spürt eine forcierte Strenge, die ins Verquälte überzugehen droht.

Der AC steht unmittelbar vor dem Wechsel in die Fische. Für den Wassermann-AC spricht u.a., dass die Autorin (Jahre nach ihrem Tod) neben Autorinnen wie Virginia Woolf innerhalb der Frauenemanzipationsbewegung (Wassermann/Uranus) den Rang eines Leitbildes erhielt. Bei einem Wassermann-AC ist die psychische Isolierung der Nativen klarer herausgestellt als dies bei einem Fische-AC der Fall wäre. Saturn findet sich als klassischer Herrscher im Steinbock in zwölf, dazu Uranus im zweiten Haus, der die reale

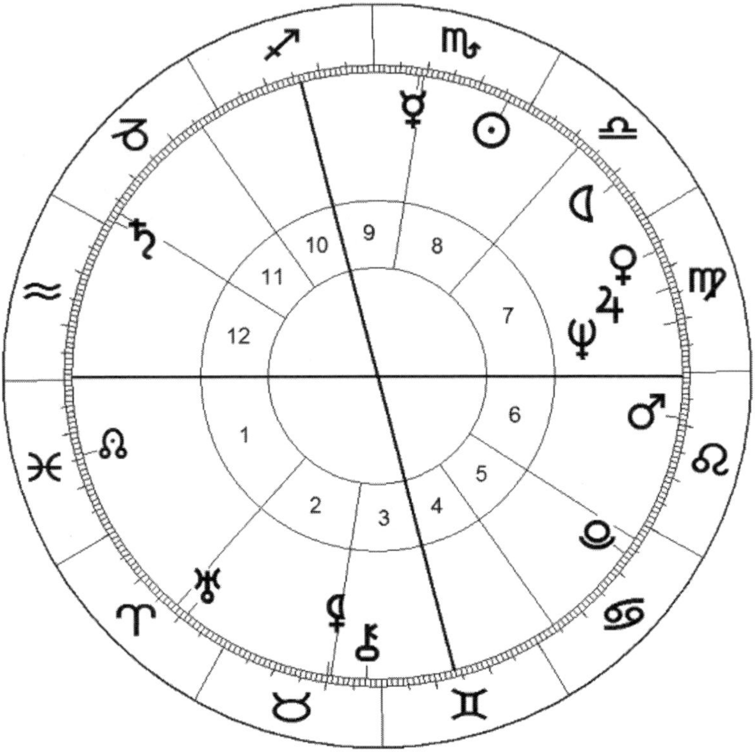


*Abbildung 65: Sylvia Plath, 27.10.1932, 14:10 h EST, Boston MA, USA*

Verwurzelung aufzuheben droht. Der bekannteste Titel der Autorin, »Die Glasglocke«, entspricht dem nur allzu genau. Er beschreibt die innere Zerrissenheit der Protagonistin, die sich in das Spannungsfeld von gesellschaftlichen Herausforderungen gestellt sah und diesen nicht glaubte genügen zu können. Nur wenige Wochen nach der Veröffentlichung des später so erfolgreichen Romans nahm sich die Dichterin das Leben. Saturn hatte nach 30 Jahren exakt den letzten Grad Wassermann, also den AC, erreicht.

Der so starke Saturn sieht sich der Opposition durch Pluto ausgesetzt, was die ohnehin angelegte Versuchung zur Vereinzelung mit

Zwangsvorstellungen zu besetzen droht. Auf der anderen Seite sehen wir einen starken dritten Quadranten, in dem wir auch die Mitregenten über den Sekundär-AC finden. Aber den Auftakt der Planetenfolge im dritten Quadranten bildet Neptun in Haus sieben. Wie substantiell waren die Begegnungen im Leben der Dichterin, deren Waagemond dazu beitragen mochte, das eigene Innenleben nach außen unter Verschluss zu halten? Ihr Mann, der Dichter Ted Hughes, betrog sie mit einer anderen Frau (ihn sollte später der Vorwurf treffen, am Tod seiner Frau mitschuldig zu sein). Doch selbst die Untreue ihres Mannes schien die Autorin in den Augen der Außenstehenden kaum verändert zu haben.

Die Skorpionsonne im achten Haus trug wohl wesentlich zur Maskerade bei, von der Sylvia Plath selbst sprach. Beide Herrscher über die Sonne, Mars wie Pluto, zwingen das Verhalten ins sechste Haus oder in dessen Richtung – es ging um die Notwendigkeit einer Anpassung nach eigenen Vorstellungen. Schriftbild und Horoskop bestätigen hier gemeinsam, dass die Maske alles andere als ein Spiel war (wenn eines im Schriftbild gänzlich fehlt, dann das Moment des Gelösten). Übrigens sollte man meinen, dass sich gerade hier im Schriftbild das bei Skorpionen so häufige »Stachlige« gezeigt hätte. Das Skorpionische ist aber im Schriftbild nur verdeckt gegeben (Tendenz zur Druckstärke, »kontrollierte Unregelmäßigkeit«, Wechsel von strenger Kargheit und affektivem Gestus). Hier kontrollierte der Skorpion offenbar so stark, dass er die eigene Signatur zu verdecken suchte.

Die verstärkte Aufmerksamkeit, die die Mondknoten erfahren haben, gehört zu den bemerkenswertesten Entwicklungen der Astrologie der letzten zwei, drei Jahrzehnte (in der indisch-vedischen Astrologie waren sie schon immer von zentraler Bedeutung). Nach allgemeiner Einschätzung repräsentiert der nördliche (aufsteigende) Knoten das, was an Erlebens- und Verhaltensformen bewusst angesteuert werden sollte. Der Südknoten beinhaltet demnach all das, was an »instinktiven« Verhaltensformen mit in die Wiege gelegt wurde. Für Sylvia Plath mit ihrem Südknoten in der Jungfrau in Haus sieben hätte dies eine stärkere Ablösung von einem offenbar zwanghaften Analysieren des eigenen Ich-Du-Verhältnisses zugunsten eines vertrauensvollen »Zu-Lassens« ihres Ichs bedeutet.

# Joachim

Raumbild »Souveränität« – Formvereinfachung

Es ist interessant, der Frage nachzugehen, in welchem Bereich sich die astrologische Prägung jeweils primär ausdrückt – im Bewegungsbild, im Raumbild oder im Formbild. Eine typische Zwillingshandschrift wird eher vornehmlich aus dem Bewegungsbild erkennbar sein. Eine typische Löwehandschrift wird sich meist durch eine Betonung der »Repräsentanz« im Raumbild auszeichnen. Natürlich gibt es auch die überladene, gar schwülstig angereicherte Löweschrift. Bei einem besseren Niveau zeigt sich aber, dass der Löwe danach strebt, die eigene Gefühlswelt in den Griff zu bekommen und sie in die bewusste Gestaltung zu überführen. Daraus erwächst meist ein sich als selbstverständlich gebender Raumanspruch. Denn dies macht den verwirklichten Löwen aus: dass die eigene Präsenz eine solche natürlicher Autorität oder gar souveräner Dominanz ist.

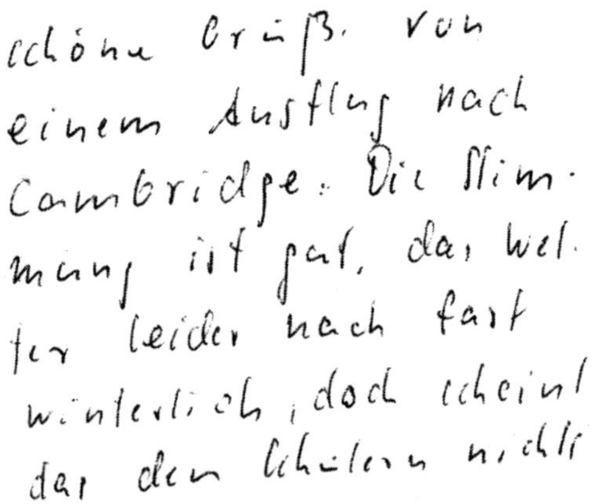
schöne Grüße von
einem Ausflug nach
Cambridge. Die Stim-
mung ist gut, das Wet-
ter leider noch fast
winterlich, doch scheint
das den Schülern nichts

*Abbildung 66: Schriftprobe Joachim, 63 Jahre*

Diese Schrift ist gerade mit Blick auf das Raumbild eine recht typische Löweschrift. Demonstrative Elemente fehlen fast vollständig, die bei vielen Löwen zu beobachtende Betonung der Großbuchstaben tritt weitgehend in den Hintergrund. Vielmehr sind Züge der Vereinfachung bestimmend, doch ohne dass die Lesbarkeit Schaden nimmt. Man spürt aber ein großes Potenzial an Lebenskraft, auch wenn sich die Schrift impulsiver Momente enthält (wie sie eher in Widder- oder Schützeschriften zu finden sind). Die Schrift ist ebenso lebendig wie sie gelassen ist. Über den Schriftraum wird großzügig verfügt, doch ohne dass von Verschwendung gesprochen werden müsste. Die Raumökonomie bleibt gewahrt. Wir sehen hier das Hauptcharakteristikum der Löweschrift, die ganz aus der natürlichen Souveränität des Schreibers erwächst. Diese ist so klar gegeben, dass auf eine spezifische eigenwillige Formgebung verzichtet werden kann. Wir sehen stattdessen gar eher eine Formverknappung. Nirgendwo ist eine Form erzwungen, an keiner Stelle zeigt sich Verkrampfung. Entscheidend zum Gesamteindruck trägt die relative Weite der Schrift bei. Nimmt die Weite überhand, kann die Deutung schnell umschlagen, und der Eindruck einer Ich-Flucht stellt sich ein. Hier bleibt das natürliche Maß (noch) gewahrt. Schließlich wird an der Schrift auch sichtbar, dass sich der typische Löwe großzügig gibt – und zwar vor allem deshalb, weil er damit die eigene Unabhängigkeit gewährleistet weiß. Die Schrift ist eher formlocker, doch entgeht sie durchweg der Gefahr der Formauflösung (Grundthemen des Schreibers: Sonnenzeichen Löwe, Aszendent Krebs, Mond im Stier im zwölften Haus).

## Bernhard

Raumbild, Zeilenbild

Dieser Text ist mit einem Filzstift geschrieben, also einem bei Grafologen ungern gesehenen Schreibgerät. Der Grund ist, dass wesentliche Merkmale hier zu kurz kommen, es entfallen weitgehend Aussagen über die Strichbildung, vor allem über die Druckstärke. Dies ist gerade hier ein Manko, da wir es mit der Schrift eines Menschen zu tun haben, der sich seit Jahrzehnten schweren Depressionsschüben ausgesetzt

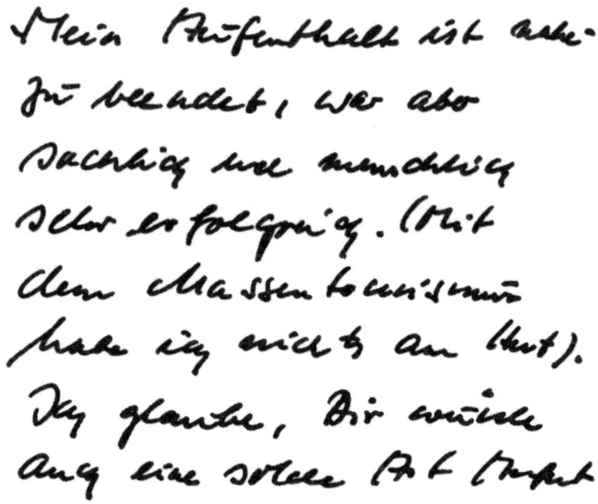

*Abbildung 67: Schriftprobe Bernhard, ca. 45 Jahre*

sieht. Gerade im Falle von Depressionen kann die Druckstärke von entscheidender Bedeutung für das Verständnis sein.

Es bleiben aber auch bei Berücksichtigung dieser Einschränkung deutliche Hinweise auf die depressive Veranlagung. Sie sind vor allem im Raumbild sichtbar. Auffällig ist das wiederholte Absinken des Strichs am Wortende. Nun ist die Bewegung aber eine eher kräftige. Die gleiche Bewegung bei schlaffem Strich würde einen deutlichen Hinweis auf den resignierten Charakter ergeben. In gewissem Sinne also bejaht der Schreiber seine Veranlagung. Dies entspricht den Tatsachen. Es gelang, auch den starken Depressionsschüben willentlich entgegenzusteuern.

Dass es an Willensstärke nicht fehlte, zeigt der Blick auf das Horoskop, wo wir Mars, Merkur, Venus und Sonne im Skorpion finden. Das Bewegungsbild ist keineswegs starr, sondern eher straff. Man sieht zwar, etwa am »Ich«, eine Anfangsbetonung, der ein Nachgeben folgt. Diese Betonung des Wortanfangs (ausgeprägt in »haben« und »sachlich«) gibt dem Selbstbewusstsein einen »willentlich« geführten Nachdruck. Aber auch die Zeilenführung festigt den Eindruck, dass sich hier die willentliche Steuerung gegenüber dem Druck der Depression durchsetzt. Wir treffen hier auf die »dachziegelförmig fallende Zeile«, wie sie im Allgemeinen anschaulich genannt wird. Bei allen Vorbehalten, die gegen ein »Ausreizen« der symbolischen Ausdeutung des Raumbildes angeführt werden: Die Zeilenführung liefert doch meist wertvolle Aufschlüsse über die Stabilität des Lebensgefühls. Für den Fall der dachziegelförmig fallenden Zeile heißt dies, dass sie eine gedrückte Stimmung anzeigt, der sich der Schreiber energisch entgegenstellt.

Der Lebensgang des Schreibers bestätigt dies. Jahrzehntelang ging er allen Depressionsschüben zum Trotz seinem Beruf nach, obwohl er dort mit erheblichen Schwierigkeiten u.a. seitens der Vorgesetzten zu kämpfen hatte. Den massiven Schwierigkeiten trotzte er, nicht zuletzt dank seines Pflichtbewusstseins (Mond und AC im Steinbock). Er verfasste Texte, in denen er sich mit seiner Vergangenheit auseinandersetzte, um den Ursachen seiner Depressionen auf den Grund zu kommen. Mit schonungsloser Offenheit ging er dabei auch der problematischen Entwicklung der eigenen Sexualität nach. Vor allem aber schrieb er (niveauvolle) Gedichte, in denen sich die oft so umdüsterte Stimmungslage Gehör verschaffte, aber auch Gedichte mit ausgesprochen lyrischem Klang. Seine Gedanken kämen aus dem »Nirgendwo« äußerte er. Das Reich »Nirgendwo« ist das zwölfte Haus, aber dessen Herrscher sucht die Begegnung mit dem Du, auch mit der Öffentlichkeit. Wiederholt konnte der Schreiber seine Gedichte veröffentlichen. Der wohl schwerste Schub ereilte ihn mit ca. 56 Jahren, also zeitgleich mit der oft so drückenden dritten Mondknotenwiederkehr. Zu diesem Zeitpunkt wurde die Saturn/Uranus-Konjunktion rhythmisch im Siebenerschritt überlaufen (im Uhrzeigersinn). Der Schreiber musste seinen Beruf aufgeben, und seine Frau trennte sich von ihm. Doch auch diesem wohl massivsten Schub wusste er Widerstand entgegenzusetzen, und wieder war es vor allem das Schreiben, das ihm dabei half. Wir sehen in Entsprechung hierzu Merkur in doppelter Weise ausgelöst, dadurch, dass er dank Saturn aktiviert ist (Saturn an der Spitze des fünften Hauses in den Zwillingen!) und dadurch, dass er im Gegenrhythmus (gegen den Uhrzeigersinn) direkt überlaufen wird.

# Paul Celan

Raumbild, Verbundenheitsgrad, Wortabstand

*»… daheim, / den späten, den harten Novembersternen gehorsam /…. Eine Sehne, von der deine Pfeilschrift schwirrt, / Schütze.«*
Paul Celan, Atemwende

Dies sind für den sonst im späteren Werk so kryptisch schreibenden Celan ungewohnt direkte Worte. Auch das Wort Pfeilschrift bedeutet zunächst wohl nur die Schrift, die die Bewegung des fliegenden Pfeils ergibt. Inwieweit Celan astrologische Kenntnisse hatte, muss offen bleiben. Ohne Frage aber hatte der Dichter hier sich selbst im Blick. Celan wurde an einem 23. November 1920 mit einer Sonne auf dem ersten Grad Schütze geboren. Die Uhrzeit ist unbekannt.

Der Gedichtband Atemwende, aus dem hier zitiert wurde, erschien 1963. Das hier wiedergegebene Schriftbild stammt aus dem Jahr 1960. Zitat und Schrift liegen zeitlich also dicht beieinander. Das Zitat spricht nicht in gewohnter Weise vom Thema des Schützen. Und wir können ergänzen, dass auch diese Schrift keine »Pfeilschrift« ist. Die Gebärde des Schützen ist die Bewegung in den Umraum hinein. Die typische Schütze-Schrift weist mal durchgängig, mal unvermittelt weit ausgreifende Züge auf, sie hat fast immer etwas Emphatisches an sich. Th. Ring spricht von einem »Flammenstil« mit »Begeisterungsfahnen«. Auch wirkt die Schriftbewegung meist eher schnell, sie »eilt«. Wir finden zudem in der typischen Schütze-Schrift einen hohen Verbundenheitsgrad der Buchstaben.

Man wird sehen, dass die Schrift Celans der typischen Schützesignatur kaum entspricht. Die Schrift wirkt behutsam gezeichnet, eher zart. Die Wörter muten an wie verletzliche Gebilde, sie haben etwas Schwebendes an sich. Man hat den Eindruck, die Schrift gehe auf Zehenspitzen. In einem anderen Gedicht der »Atemwende« bildet Celan das Wort »Buchstabenschimmer«. Möglicherweise hat sich ihm dieses Wort bei der Betrachtung der eigenen Schrift aufgedrängt. Wie auch immer: Es trifft einen Gutteil dieses Schrifteindrucks. Dem entspricht auch die Beobachtung des unterschiedlich ausgeprägten

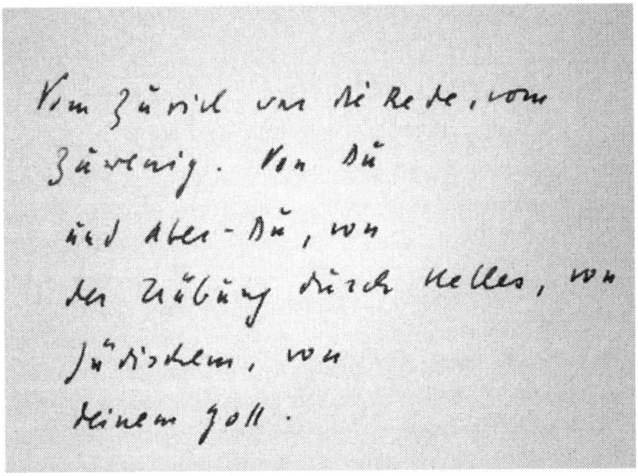


*Abbildung 68: Schriftprobe Paul Celan*

Drucks der Schrift. Man achte auf die beiden »Z«. Ein Schwanken des Drucks kommt in den meisten Schriften vor, entscheidend sind allein Grad und Häufigkeit. Ungewohnt aber ist die Druckschwäche am Anfang eines Wortes, einer Zeile. Unterbetonte Anfangszüge können auf Selbstlosigkeit hindeuten, sie verraten oft Zurückhaltung und die Bereitschaft, sich anderen Autoritäten unterzuordnen. Doch deutet dies vielfach – analoge Befunde im Schriftbild vorausgesetzt – auch auf einen Mangel an Selbstvertrauen, auf Kleinmut, Verzagtheit hin. Dabei aber ist diese Schrift offen auf die vorsichtige Annäherung hin. In Celans Gedichten geht es häufig um den Anspruch des Dus, so auch hier (»Du und Aber-Du«).

Ein bedeutendes Element des Raumbildes einer Schrift ist der Grad der Verbundenheit. Eine Schrift gilt dann als verbunden, wenn im Durchschnitt fünf oder mehr Buchstaben in einem Zug, also ohne Absetzung des Schriftzuges, geschrieben wurden. Bei einer Zusammenfügung von drei bis fünf Buchstaben spricht man von einem mittleren Verbundenheitsgrad. Sind weniger als drei Buchstaben verbunden, gilt die Schrift als unverbunden. Die Mehrzahl der Schriften weist einen Grad der mittleren Verbundenheit auf. Wie leicht zu sehen ist, gehört Celans Schrift zur Gruppe der unverbundenen Schriften. In der unverbundenen Schrift wird das Wort optisch »gebrochen«, zum Teil bis zur völligen Isolierung der einzelnen Buchstaben – siehe hier die Wörter »von« und »Gott«. Die verbundene Schrift gilt gemeinhin als Hinweis auf ein logisch verknüpfendes Denken, auf eine Stringenz im Denken (und meist auch im Handeln). Umgekehrt geht die unverbundene Schrift einher mit der Aufgliederung des Denkens in Einzelimpulse, die vielfach aus einem hohen Maß an Intuition herrühren. Im Krisenfall äußert sich hier ein innerlich wenig gesammelter, vielleicht gar ein zerrissener Mensch, der sich der Gefahr der Desintegration der eigenen Persönlichkeit ausgesetzt sieht. Was verloren geht, ist die straffe Ausrichtung der Lebensführung, es nagen Zweifel am Schreiber, und die Probleme drohen sich in unverhältnismäßiger Weise auszuwachsen. Die unverbundene Schrift kann eine Durchbrechung der Lebenskonstanz darstellen. Gelegentlich ist hier von einem Atemholen des Denkens gesprochen worden. Positiv gesehen ermöglicht die so gestaltete Schrift nach Klages den Reichtum unvermittelter Einfälle, welcher »theoretisch-entdeckerische Ursprünglichkeit« zur Folge haben kann. Celans überaus komplexe Metaphern können nur einem solchen Denken entspringen, sie können nicht Ergebnis eines kontinuierlich-stringenten Denkens sein. Der geringe Verbindungsgrad erfährt Verstärkung durch den vergleichsweise großen Wort- und Zeilenabstand (wichtige Elemente des Raumbildes). Hier spiegelt sich Wesentliches der Dichtung Celans: die Vereinzelung der Wörter, die oft isoliert im Raum stehen, miteinander nur durch einen verborgenen semantischen Zusammenhang zu erfassen, oft genug nur zu erahnen sind. Gemeinhin gilt, dass der Wortabstand Einblicke in die Gliederung geistig-seelischer Abläufe vermittelt. Je größer der Abstand, desto mehr Distanz zu den Dingen und zu sich selbst, desto mehr Klarheit der Reflexion. Je enger der Wortabstand, desto unmittelbarer der Kontakt (oder doch zumindest das Bedürfnis nach einem solchen). Der übermäßig starke Wortabstand deutet den Hang zur Vereinsamung an, im kritischen Fall zur gänzlichen Selbstisolierung.

Wie bereits weiter oben begründet (siehe C. F. Meyer, Seite 96) bietet sich bei fehlender Geburtszeit die Möglichkeit der Betrachtung der sekundärprogressiven Mondphasen, in erster Linie die der Neu- und Vollmonde. Der hier wiedergegebene Neumond erfasst nahezu den gesamten Zeitraum des dichterischen Schaffens Celans. Die Wirkung setzt ca. 1938 ein und reicht bis über die Mitte der 60er-Jahre. Der Neumond im Schützen am MC im Quadrat zu Jupiter, Herrscher über das MC und der Neumond selbst und (klassische) Herrscher in Haus sieben: ein ungewöhnliches Maß an »Bildhaftigkeit«, das im siebten Haus sichtbar gemacht wird – und zwar in der Jungfrau, die ganz auf »Verhaltenheit« gestimmt ist – siehe das fast scheu anmutende Gesamtbild der Schrift. Nicht minder augenfällig ist die Konjunktion von AC und Uranus, ergänzt durch die Quadratur auf Merkur, das eindeutige Pendant zum »Diskontinuierlichen« der Schreibbewegung. Wir sehen auch hier die Entsprechung zum eigenartig Schwebenden, das eingangs vermerkt wurde. Uranus steht übrigens auf zwei Grad Fische, der Münchner Rhythmenlehre zufolge ein Grad von Saturn/ Neptun-Qualität, mithin also ein Grad, der zur Formauflösung verleiten kann, im Extremfall gar zum »Konkurs« führt.

Man kann das typische Schriftbild des eigenen Sonnenzeichens durch »Überwertigkeiten« und durch »Unterwertigkeiten« verfehlen. Eine starke Differenz zur typischen Schriftbildung deutet an, dass wesentliche Antriebe des eigenen Sonnenzeichens nicht zur Verwirklichung gelangt sind. Bedeutet die Nichtverwirklichung wesentlicher Gestaltungsmöglichkeiten des Sonnenzeichens, dass wir von einem unerfüllten Leben sprechen können, am Ende gar von einem gescheiterten? Ganz so weit geht E. Dietrich nicht, aber sie sieht die echte Lebensverwirklichung nur dort gegeben, wo sich die typische Signatur des Sonnenzeichens durchgesetzt hat. Mit Blick auf das bedeutende dichterische Werk Celans verbietet es sich wohl zunächst, von einer Verfehlung eigener Möglichkeiten zu sprechen. Zu unterscheiden ist hier zwischen der Lebensleistung und der persönlichen Entwicklung des Betreffenden selbst – und zahllose Biografien belegen, dass das eigene Lebenswerk mit dem Preis der Destabilisierung oder gar Zerrüttung der physischen und psychischen Verfassung zu bezahlen war. Bei Celan, ohnehin von äußerster Sensibilität, muss sich in den 60er-Jahren zunehmend psychische Erkrankung durchgesetzt haben. Im April 1970 setzte er seinem Leben ein Ende (er ertrank in der Pariser Seine).

Wohl kaum jemand hat die Wurzeln der Sprache tiefer erfasst als Paul Celan. Den obigen Text schrieb er an Nelly Sachs. Diese schrieb ihm 1960: *»...zwei Handschriften gibt es für mich noch auf der Welt, in denen die Buchstaben leuchten. Kommt so ein Wort herauf geflogen, so ist der schlimmste Tag gerettet.«* Und ein Jahr später dies: *»Mein lieber Paul, solche Freude und Glück, die mir Deine Handschrift brachte – sehr ersehnt, sehr tief entgegengenommen.«* Offenbar hatte Nelly Sachs, die meines Wissens nicht über grafologisches Wissen verfügte, die Schrift auf dem Wege der reinen Anschauung begriffen.

Ein recht illustratives Beispiel für die eingangs erwähnte schützetypische »Flammensignatur« sehen wir in der Schrift des in diesem Zeichen geborenen R. M. Rilke gegeben:

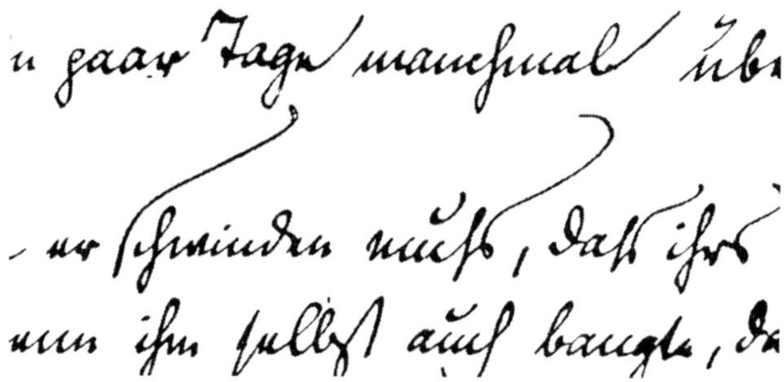

*Abbildung 69: Flammensignatur bei Rilke*

Dieser sich nach oben ausschwingende Bogenzug ist ein der Form nach gelungenes Element der Bereicherung und erscheint nicht als Fremdelement, da er sich organisch aus der Mittelzone entwickelt. Man sieht aber auf den ersten Blick, dass die hier sich äußernde Emphase nicht ganz der Gefahr der im Schützen latent gegebenen geistigen Eitelkeit entgehen kann.

# Heinrich Himmler

Winkelschrift – Verbundenheitsgrad

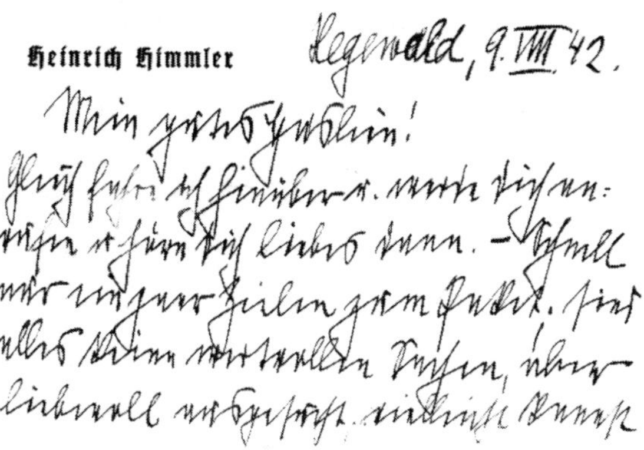
Heinrich Himmler

Hegewald, 9. VIII. 42.

*Abbildung 70: Schriftprobe Heinrich Himmler*

Wir stellen dem Bild Celans ein Beispiel für maximale Verbundenheit gegenüber. Zudem eignet sich diese Schrift als Beispiel für die ausgesprochene Winkelschrift. Liz Greene spricht davon, dass Saturn-Neptun in der Politik mitunter radikale linke oder rechte Ansichten vertrete. Dies gehe Hand in Hand mit der Verfolgung »asozialer Elemente«, Homosexueller, Drogenabhängiger, »rassisch Minderwärtiger«, »Abweichler etc.«. Es geht bei dieser Konstellation also oft darum, Ordnung und Gesetz, »traditionelle Werte« um jeden Preis aufrechtzuerhalten. Dort, wo Erziehung noch Abhilfe verspreche, helfe nur die »harte Hand«. Ein prominenter Vertreter eines solchen Rechtsfanatismus, der dem Unrecht Geltung verschaffte, war der »Reichsführer SS« Heinrich Himmler, Hauptverantwortlicher des größten staatlich sorgsam geplanten und durchgeführten Massenmordes. In seinem Geburtsbild ist die Opposition von Neptun und Saturn gradgenau gegeben.

Mancher wird hier zunächst Mühe haben, Horoskop und Schriftbild zusammenzufügen. Weder die Waage noch der Wassermann scheinen

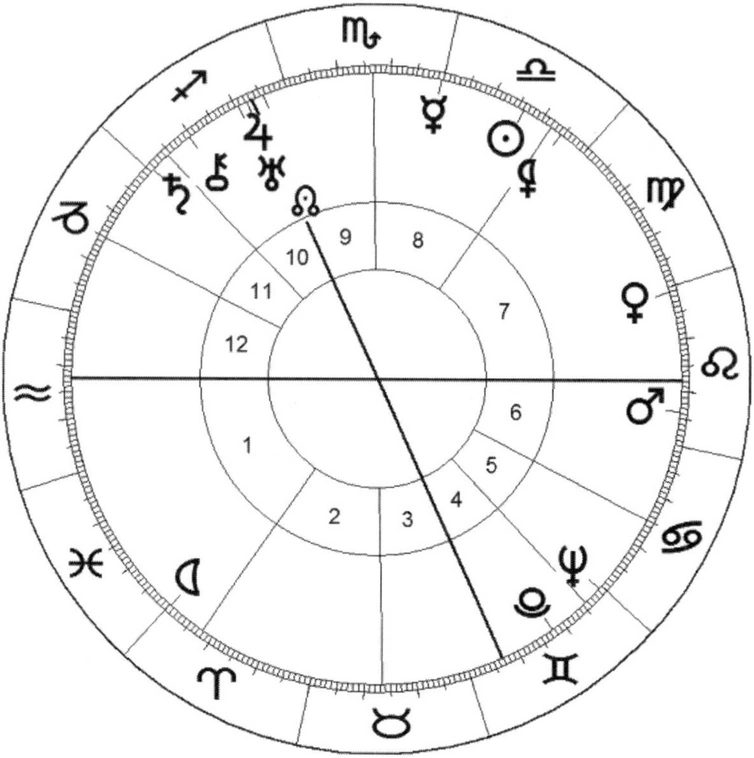


*Abbildung 71: Heinrich Himmler, 7.10.1900, 15:30 h MEZ, München*

auf den ersten Blick in der Schrift Form angenommen zu haben. Sollte man nicht bei einer so ansprechenden Konjunktion des AC-Herrschers mit Jupiter am MC eine ganz andere Schriftbewegung erwarten können? Einer solchen faktischen oder scheinbaren Differenz der Bilder sollte man nicht etwa resignierend aus dem Wege gehen. Denn ein Schriftbild kann ebenso wenig »falsch« sein wie ein Horoskop. Immerhin stehen sowohl Sonne wie AC in einem Luftzeichen, doch die Schrift will dem kaum entsprechen. Allerdings strebt die Schrift (auf ihre Weise) ein »Ebenmaß« an. Hierin aber erschöpft sich bereits das, was an typischer Waageschrift sichtbar wird.

Über die Komplexität des Zeichens des Wassermanns ist viel gesagt und geschrieben worden. Im Kern steckt hinter dieser vermeintlichen Widersprüchlichkeit des Wassermanns die Tatsache, dass er von zwei grundverschiedenen Planeten regiert wird. Nur allzu oft sieht sich die Deutung in krasser Weise durchkreuzt, wenn sie die Regentschaft Saturns außer Acht lässt. Man betrachte beispielsweise die Biografien prominenter Wassermänner, und man wird feststellen, dass sich Saturn oft gegenüber dem Rivalen Uranus durchsetzt (so etwa Friedrich der Große, der als Reformer begann, dann im Alter zunehmend zum autoritären Monarchen wurde). Th. Ring tat gut daran, zeitlebens an die Wahrheit der klassischen Signifikatorenlehre zu erinnern. Dies ermöglichte ihm zu erkennen, dass die Schrift des Wassermanns auffallend häufig zum »Schulmeisterstil« tendiert, also durchaus pedantische Züge annehmen kann. Der Wassermann flieht die Beengung, gerade auch die der Gefühlswelt. Hier vor allem liegt der Grund für die (meist im Raumbild) sichtbare »Transparenz« der vom Wassermann „maßgeblich" beeinflussten Schrift. »Maßgeblich« im engen Sinne des Wortes: Es ist immer wieder festzustellen, dass gerade hier der Drang zur Einhaltung der normierten Schriftformen durchschlägt (siehe die Schrift S. Weils, Seite 121. Oder anders gesagt: Dieser Schreiber neigt bei aller oft demonstrierten Individualität zur Uniformität. Wer aber im Übermaß zur Uniformität neigt, glaubt sich im Einklang mit dem Recht (oder besser: mit dem, was er für Recht hält). Die hier wiedergegebene Schrift legt es darauf an, den Eindruck der sachlichen Präzision zu erwecken, dabei gibt sie sich dank der Steuerung durch die Waagesonne den Anschein der Ausgeglichenheit (die wiederum in unterschwelliger Weise ein gerechtes Empfinden suggerieren soll – siehe die Justitia mit ihrer Waage). Nirgendwo aber zeigt sich hier auch nur die Spur von Leichtigkeit, Beschwingtheit oder gar Eleganz, die gemeinhin als Erscheinungsformen der Waage gelten. Der Versteifungsgrad (nach Pophal, s.o.) ist überwertig. Das mit massiver Unterlänge geschriebene »g« wirkt gar ordinär, allzu raumgreifend – siehe vor allem die Verstrickungen mit den unteren Zeilen. Von dreieckigen Unterlängen – in diesem »g« so markant – heißt es generell, sie drückten ein starkes Geltungsbedürfnis aus, sofern der Gesamteindruck der Schrift dem nicht entgegensteht.

Das Unpersönliche der Schrift tarnt sich, gibt vor, überpersönlichen Normen verpflichtet zu sein. Tatsächlich aber schlagen persönliche Affekte durch, vor allem auch in den massiven Endbetonungen (siehe im Schriftstück die Anrede, siehe die jeweils letzten Wörter der zweit- und drittletzten Zeile): markante, zum Teil keulenfömige Endstriche, die auf die Tendenz zur rücksichtslosen Durchsetzung verweisen.

Eine gelungene Waageschrift mag zur Kühle neigen, nicht aber zur Kälte. Diese Schrift aber ist kalt. Wir haben es mit einer formstarren Schrift zu tun. Wie Himmlers berüchtigte Posener Rede aus dem Jahr 1943 klar ausspricht, galt ihm jeder Anflug von Mitempfinden als Schwäche. Auf Himmler trifft im extremen Maße zu, was der Grafologe Boons schreibt:

*»Derjenige, bei dem der Winkel vorherrscht, ist oft ein Mensch der Pflicht, aber unangenehm für seine Umgebung durch seine Steifheit und seine Manien. Sein allzu vereinfachender Rationalismus lässt ihn viele Aspekte der Dinge und der Menschen aus dem Auge verlieren.«* (zitiert nach A.-M. Cobbaert, S. 112) Himmlers Pflichtbegriff war vom Zwang zur »Reinheit« bestimmt – auch dies ein typisches Wassermannmotiv – es ging ihm vordringlich um die Reinheit der Rasse.

Besonders verhängnisvoll ist in Himmlers Schrift die Kombination, welche Winkel und Verbundenheitsgrad eingehen. Himmlers Strategie der Vernichtung war konsequent. »Konsequenz«, »Ungebrochenheit« im Denken und Handeln aber sind Ausdruck der weitgehend oder gänzlich verbundenen Schrift. Die Unbeirrbarkeit dieser »Logik« aber, hier ganz mit dem »höherwertigen Recht« verbunden, ermöglichte erst das Monströse des Geschehens.

## Nelly Sachs

Winkelschrift – Magerkeit – Wortabstand

Wir lassen hier eine nur auf den ersten Blick sehr ähnliche Schrift folgen. Sie stammt von der Literaturnobelpreisträgerin Nelly Sachs (10.12.1891). Als Jüdin flüchtete sie 1933 vor den Nationalsozialisten, und wie der mit ihr befreundete Jude Paul Celan war sie zeitlebens von den Bildern

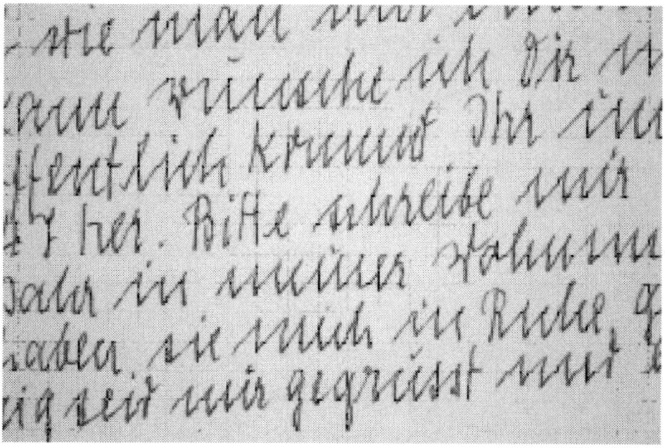

*Abbildung 73: Schriftprobe Nelly Sachs*

der Vernichtung ihres Volkes heimgesucht: »*Die furchtbaren Ereignisse, die mich selbst an den Rand des Todes und der Verdunkelung gebracht haben, sind meine Lehrmeister gewesen …*« (aus einem Brief des Jahres 1966). Zur Zeit der Abfassung des hier abgebildeten Schriftstückes (1964) lagen Jahre paranoischer Angstzustände hinter der Dichterin. Man sieht den Zeilen jedoch sofort an, dass die Schreiberin alles andere als angstfrei ist.

Der genaue Vergleich mit der Schrift Himmlers offenbart deutliche, vor allem aber entscheidende Unterschiede. Himmlers Strich ist unlebendig, aber unnachgiebig-zäh geführt. Die Schrift von Nelly ist paradoxerweise lebendig dank ihrer Zaghaftigkeit (»lebendig« hier nicht jedoch im vitalen Sinn, sondern bezogen auf die seelische Erlebnisfähigkeit). Die Schrift ist druckschwach, und man versteht, dass die Dichterin vom Frieden als der »leisesten aller Geburten« sprechen konnte. Druckschwäche, hier gar vereinzelt begleitet von Zitterzügen, geht oft einher mit dem Verlust vitaler Selbstbehauptung, sie lässt überdurchschnittliche Sensibilität bei gleichzeitiger Verletzlichkeit erkennen. Der Winkel ist auch hier dominant, er erscheint jedoch weicher, ist nicht gespreizt und rigoros zugespitzt wie in der Schrift Himmlers (hier ist ein genauer Vergleich der beiden Winkelformen geboten!).

Der Winkel bedeutet hier nicht Festigkeit, die Strichführung spricht in dieser Schrift eine andere Sprache. Er ist eher zu verstehen als eine (allerdings schwache) Widerstandskraft, die den eigenen Ängsten entgegengesetzt wird. Hier hat der Winkel offensichtlich eine kompensatorische Funktion übernommen. Bei einer eher labilen Grundsituation dient der Winkel hier als Mittel der Selbstfestigung. Aus diesem Grunde auch fehlt den Winkeln in dieser Schrift jegliche Aggressivität. Gewiss weist die Schrift eine Störung des Sicherheitsempfindens auf. Die gleichmäßig steigenden Zeilen deuten aber darauf hin, dass die Schreiberin zu einer neuen Stabilität gefunden hat.

Der Schreibraum ist vergleichsweise dicht gefüllt, die Wortabstände sind mehrheitlich überdurchschnittlich gering. (Als normal gilt ein Abstand in der Breite eines Buchstabens.) Kleine Wortabstände verdichten das Schriftbild, ein Eindruck, der hier durch den geringen Zeilenabstand noch verstärkt wird. Im verkürzten Raum spricht sich eine Verdichtung der emotionalen Zuwendung aus, der Schreiber sucht den Kontakt, nicht selten deshalb, weil er die Einsamkeit fürchtet. Der Schreibraum wird dann deswegen verdichtet, »zugemacht«, um der Angst vor der Leere wehren zu können (»horror vacui«). Gleichzeitig nimmt in dem Maße, wie sich der Wortabstand verringert, der »kritische« Abstand zur eigenen Gefühlslage ab. Wie immer beim Einzelmerkmal ergibt sich eine Polarität. Hier wären auf der einen Seite Kontaktbereitschaft und vertrauensvolle Zuwendung zu nennen, auf der anderen Seite bei unzureichender Selbststeuerung unkontrollierte Zuwendung, auch Zudringlichkeit und seelische Verwirrung. Das gesamte Schriftbild aber spricht eher von einer überaus vorsichtigen, aber vertrauensvollen Zuwendung auf der Grundlage eines allerdings recht fragilen Optimismus.

Der hier wiedergegebene dritte nachgeburtliche progressive Vollmond setzt in der Mitte der 50er-Jahre ein. Der progressive Vollmond zeigt die »Reflexion« des vorhergehenden progressiven Neumondes. Dieser fiel in die frühen 40er-Jahre. Nelly Sachs hatte sich durch Flucht in letzter Minute nach Schweden retten können, von dort aber die Vernichtung ihres Volkes mehr erahnt als bewusst verfolgen können. Mit dem Fälligwerden des nachfolgenden progressiven Vollmondes

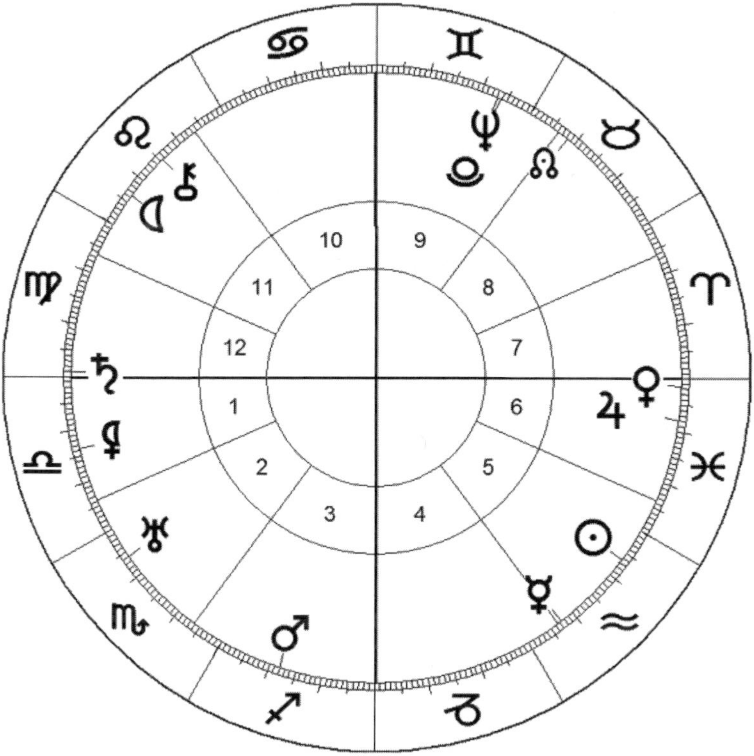


*Abbildung 74: Nelly Sachs, 10.12.1891, 15:30 h, Berlin*
*Hier: dritter progressiver Neumond*

suchte Nelly Sachs wieder behutsam Kontakt, unter anderem mit Paul Celan, den sie 1960 schließlich in Paris aufsuchte. Ab 1957 wurde sie in Deutschland entdeckt, allerdings hielt sie die Angst vor einem Besuch im »Lande der Täter« ab. Ihr einsetzender Erfolg konnte nicht verhindern, dass sie Opfer fortwährender Angstzustände wurde. Das Bild des progressiven Vollmondes zeigt diese Ambivalenz: auf der einen Seite der drückende Saturn auf dem Aszendenten, zudem im Quadrat auf die Vertikalachse. Saturn wirkt am AC auch als Herrscher über das vierte Haus und der dort in der Erinnerung gespeicherten

Erfahrungen. Dann aber kommt es dank Mond und Sonne auf der Achse Wassermann/Haus fünf – Löwe/Haus elf zu einer gewissen »Lösung«, die vor allem der Dichtkunst Nelly Sachs‘ zugutekam. Eine dauernde Heilung von ihrer mal verdeckten, mal offenen psychischen Erkrankung blieb der Dichterin versagt.

## Friedrich Nietzsche

### Magerkeit, Wortabstand, Linksläufigkeit

Nach Klages haben wir es hier bei der Schrift Nietzsches mit einem Beispiel außergewöhnlichen Formniveaus zu tun. Auch der Ungeschulte wird die vollendete Formgebung erkennen. Die Bewegung verläuft frei, dabei kontrolliert und geht einher mit einem besonders hohen Grad an individueller Formgebung. Man sieht den Ausdruck eines seltenen Scharfsinns, eines Esprits, der sich auf präzise Begrifflichkeit ebenso wie auf gedankliche Klarheit und Schärfe verlassen kann. Man denkt an eine Aristokratie des Geistes, die jeder Gespreiztheit abhold ist. Die Schrift ist scharf. Die Schärfe ist ein wesentliches Merkmal der Strichbildung, das aber nur dann vollends Berücksichtigung finden sollte, wenn nicht mit Filzstift- oder Kuli geschrieben. Die Schärfe der Schrift legt den Schluss nahe, dass ein besonderer Wert auf (geistige) Haltung und Scharfsinn gelegt wird. Wir finden ein akkurates Denken, doch auch einen Hang zu generell kritischer Sicht. Die Schrift wirkt wie fein geschliffenes Glas.

Klages spricht auch von ungemein feiner Musikalität der Schrift. Hier schreibt offensichtlich jemand, der alles mit den Maßstäben der Ästhetik misst. Jede Vernachlässigung der Form, alles, was den hohen Ansprüchen an Gestaltung und Formenbildung nicht entspricht, verfällt hier der Geringschätzung. Denn die Ästhetik Nietzsches ist eine unnachsichtige, mehr noch, eine, hinter welcher der Hochmut steht, wie Klages sagt. Jede Form eines affektiven Ausdrucks wird hier vermieden, all das, was dem Schreiber zufolge im Verdacht der Vulgarität steht. Wir spüren hier dementsprechend eine durchgehend

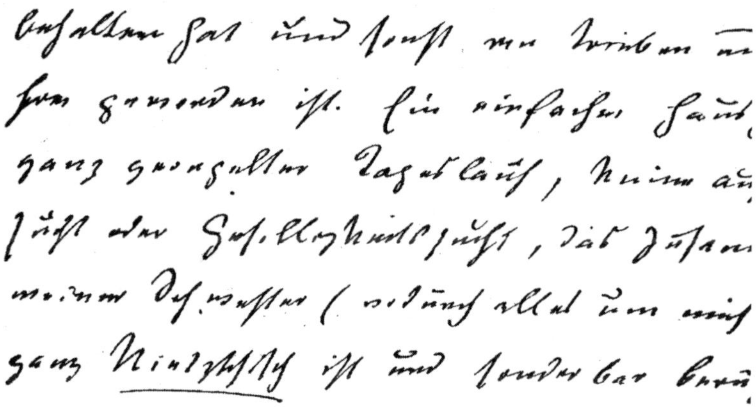

*Abbildung 75: Schriftprobe Friedrich Nietzsche (aus Jahr 1883)*

behauptete Distanz zum Betrachter. Der Schreiber befindet sich hier tatsächlich »jenseits von Gut und Böse«. Wir spüren, dass hier nur nach Maßgabe der reinen Form geurteilt wird.

Die Schrift ist nicht nur »jenseits von Gut und Böse«, sie steht auch außerhalb der Polarität von Euphorie und Dysphorie. Klages spricht dementsprechend von einer Sprödigkeit, die sich bis zur Glashärte steigert. Es ist offensichtlich, dass eine solche Haltung nur möglich ist dank einer ausgeprägten, gar übersteigerten Willenshaltung, die einhergeht mit Gehemmtheit. Umso bemerkenswerter ist es, dass die Schrift ihre Formbildung souverän meistert, ohne jede Übersteuerung, die zu Verkrampfung oder Verquältheit des Schriftbildes führen könnte. Die Schrift ist formfest, nicht aber formstarr. Doch der Schreiber schließt sich bewusst aus vom Lebensstrom. Man könnte sagen, dass die Schrift frei ist, aber nicht »schwingt«. Was hier gänzlich fehlt, ist das sympathetische Mitschwingen. Die Absonderung der Persönlichkeit ist wesentlicher Teil des Selbstverständnisses. Hingabefähigkeit wird vermieden, sie gilt als Schwäche und wird daher umgangen, sie gilt als Bedrohung der Eigenständigkeit. Unnötig zu sagen, dass die Schrift bei näherer Betrachtung auch die Demonstration von Stolz ist. Sie ist der Ausdruck einer rein geistigen

Kultur der Distanz. Man achte in diesem Zusammenhang auch auf den vergleichsweise großen Wortabstand. In ihm manifestieren sich Klarheit und der Drang zu Überschaubarkeit des Lebensraumes. Der Preis für diese Überschaubarkeit aber ist die Einsamkeit (siehe Nietzsches Gedicht »Vereinsamt«). Wir finden in dieser Schrift eine ausgeprägte Linksläufigkeit (siehe die entsprechenden Hinweise in der Deutung der Schrift Dianas). Die überdurchschnittliche Verwendung von linksläufigen Merkmalen (oder deren Betonung z.B. durch Vergrößerung oder Druck) lässt auf Selbstständigkeit, auch auf die Fähigkeit zur »Sammlung« schließen, zeigt im problematischen Fall aber auch Mangel an Anpassungsfähigkeit an, oft auch ein Fehlen von Mitempfinden. Das Deutungsspektrum ist gerade hier weit. Im Falle Nietzsches aber trägt die Linksläufigkeit zum Eindruck der bewussten Distanzierung bis hin zur Abwehr des Dus maßgeblich bei.

Jedes Tierkreiszeichen hat in seinem Gegenüber sein mental erfahrbares »Leitbild« (W. Döbereiner). Für die Waage ist dies der Widder, und dementsprechend neigt die Waage dazu, das Martialische in das Denken zu verlegen. Bei aller vordergründig gegebenen Harmonie des Bildes fehlt es dementsprechend nicht an latenter Aggression, an scharf ausfahrenden Zügen, im Horoskop sichtbar in der Mars/Merkur-Konjunktion in Opposition zu Jupiter/Uranus (zu berücksichtigen ist hier, dass die Planeten auch durch Spiegelung stärker aneinander gebunden sind). Pluto als Herrscher über den AC steht in Haus fünf, er kontrolliert die Formen des Lebens, zumal er in Opposition zur Sonne steht, mit dem Ergebnis, dass der freie Fluss des Gefühls nicht zugelassen wird. Mars als der klassische Herrscher des AC ist indirekt durch Pluto (Dispositor) bestimmt und findet sich in der Jungfrau. In diesem Zeichen ist die Aggression weniger vehement, dafür aber »kalkulierter«, präzisierter, wie mit Nadelstichen ausgeteilt. Diese Aggression ist Mittel der Selbstabgrenzung, und je genauer sie formuliert wird, desto schärfer wird sie ausfallen. Emotionale Bindung wird als Angriff auf die geistige Freiheit verstanden, daher darf sie nicht zugelassen werden. Wir sehen hinter dem starken Willensausdruck natürlich die im AC gebundene Grundanlage des Nativen.

Man wird nicht umhin kommen, der Frage nachzugehen, wie denn der so ausgeprägte lunare Einfluss mit dem Gesagten in Einklang zu bringen ist. Die Schlüssel liegt wohl in der weitgehend von Frauen bestimmten Erziehung Nietzsches, die alles daran setzten, »Haltung« zu vermitteln. Ausgiebig ist dies bei Alice Miller dargestellt: »*... diese Frauen übertrafen sich in dem Bemühen, ihm Selbstbeherrschung und andere christliche Tugenden beizubringen. Der Ursprünglichkeit seiner Phantasie und Echtheit seiner Fragen war ihre angelernte Moral keineswegs gewachsen. So versuchten sie, die unbequeme Neugier des Kindes mit Hilfe strenger Kontrolle und harter Erziehung zum Schweigen zu bringen.*« (A. Miller, S. 19) Alice Miller beschreibt eingehend, wie sich die in der Adoleszenz unterdrückte Gefühlswelt später in anderer Form im Werk niederschlägt.

(Die hier verwendete Geburtszeit wurde aufs Sorgfältigste von R. Plantiko rektifiziert. Die Geburtsurkunde nennt 10 Uhr, die obige Zeit ist 9:55 Ortszeit.)

Vergleicht man diese Handschrift mit der des jungen Nietzsche, so fällt auf, dass die frühere Schrift bewegungsbetonter ist. In den 80er-Jahren stellt man, vor allem zum Ende hin, eine zunehmende Versteifung der Bewegung fest. Diese Schrift des »Gekreuzigten« ist die eines bereits unheilbar Erkrankten (Abfassung des Schriftstückes im Monat des Zusammenbruchs in Turin im Januar 1889). Die Strichführung ist nicht mehr sicher (siehe z.B. das »t« in »Gekreuzigte«), die Steillage hat weiter zugenommen, es finden sich Neigungen zur Linksschräge,

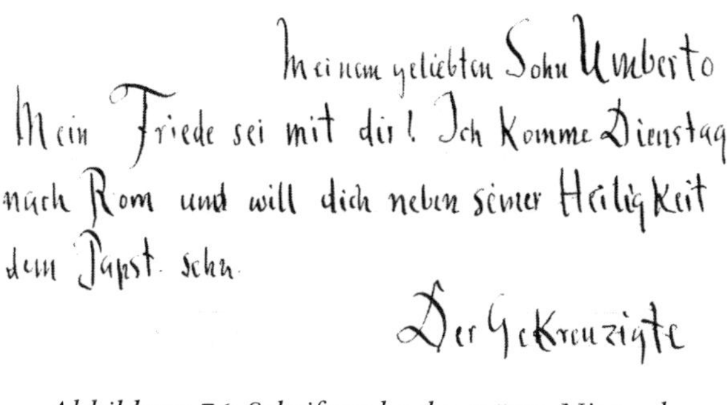

Meinem geliebten Sohn Umberto
Mein Friede sei mit dir! Ich komme Dienstag
nach Rom und will dich neben seiner Heiligkeit
dem Papst sehn.
Der Gekreuzigte

*Abbildung 76: Schriftprobe des späten Nietzsche*

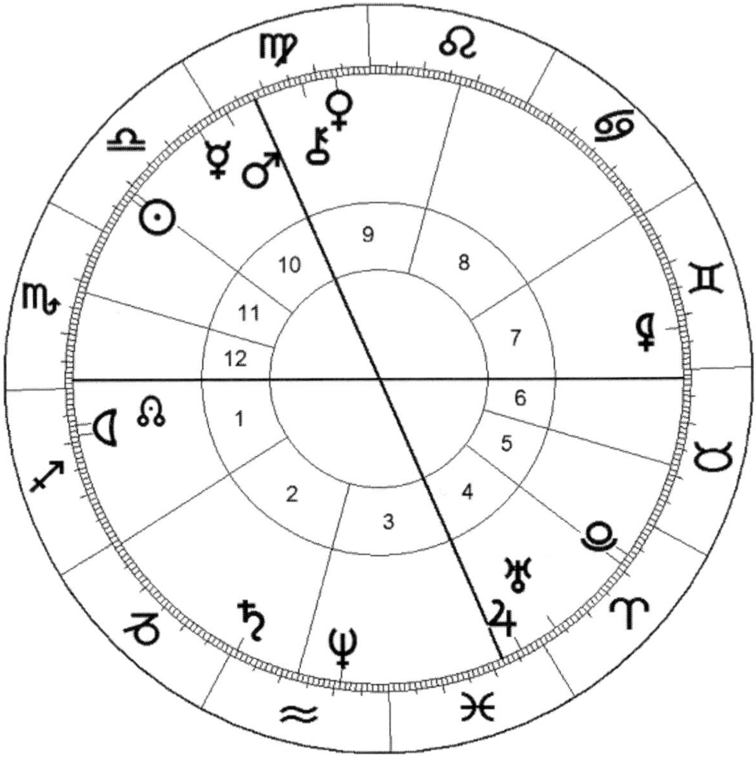


*Abbildung 77: Friedrich Nietzsche, 15.10.1844, 9:55 h LMT, Röcken/Lützen*

also Schwankungen der Lage (fast immer ein problematischer Befund). Die Großbuchstaben erfahren gegenüber den früheren Schriften eine zusätzliche Betonung. Der Blick auf die Bindungsformen zeigt, dass der Winkel sich nun vordrängt. Dazu kommt der sich erweiternde Wortabstand. Das Formbild hat etwas Gewolltes gewonnen, diese bemühte Geste aber resultiert in einer nunmehr starr anmutenden Schreibbewegung. (Hier ist der Hinweis vonnöten, dass diese Merkmale zweifellos solche einer geistig-seelischen Krise sind, aber keinesfalls als typische Anzeichen einer Geisteskrankheit gesehen werden dürfen.)

Im siebten Septar Nietzsches (mit der Wirksamkeit von 1886 bis 1893) ist eine gradgenaue Konjunktion von Uranus und Pluto im Widder im elften Haus gegeben. Ebenfalls im elften Haus im Widder steht Saturn. Diesen Planeten gegenüber befindet sich die Sonne im fünften Haus. Dies ist vor dem Hintergrund eines Krebsaszendenten zu sehen (mit Mond im Wassermann). Mit der Konjunktion von Uranus und Pluto um 1850 (dem Jahr des Septars) im Widder beginnt die »Moderne« in all ihrer oft auch aggressiven Radikalität. Die Wirksamkeit dieser Konjunktion reicht tief hinein ins 20. Jahrhundert und dessen Katastrophen. Zu den vielen Entsprechungen dieser Konjunktion gehört auch das Bild des harten Glases – siehe das zunehmend Gläserne, sich allmählich Verhärtende der späteren Schrift Nietzsches. Zur Zeit dieser Uranus/Pluto-Konjunktion findet in London die erste Weltausstellung statt. Prunkstück und Wahrzeichen des Ganzen ist der ganz aus Glas bestehende Ausstellungsraum selbst, der Kristallpalast.

## Rudolf Steiner

### Formgebung, keine Winkelbildung

Auch der Schreiber der nächsten Schrift hat einen Skorpion-AC. Es handelt sich um Rudolf Steiner, den Begründer der Antroposophie. Außerdem war er in seinen jungen Jahren ein Verehrer von Nietzsche. Eines von Steiners Frühwerken trägt den Titel FRIEDRICH NIETZSCHE, EIN KÄMPFER GEGEN DIE ZEIT.

Der Vergleich der beiden Schriften ist lehrreich und verdeutlicht umso stärker die Eigenartigkeit der Schrift Nietzsches. Bei näherem Hinsehen zeigen sich trotz der Ähnlichkeiten der Formgebung erhebliche Unterschiede. Steiners Schrift ist nicht minder präzise in der Formgebung wie die Nietzsches. Sie wirkt aber weniger scharf, die Winkelbildung wird vermieden. Das so hart anmutende Gläserne der Schrift Nietzsches ist hier einem weicheren Gesamteindruck gewichen, ohne dass sich irgendwo Ansätze zur Schlaffheit in der Strichführung einstellten. Scharf ausfahrende Züge entfallen gänzlich. Sieht man ab von der gelegentlichen, durchgehend unaufdringlichen Vergrößerung der Initialen, fehlen Momente der demonstrativen Emphase oder des spontanen Affektes gänzlich. Obwohl es in dem Brief Steiners um Persönliches geht – Steiner berichtet von der eigenen geistigen Erfahrung – ist eher der Eindruck einer gewissen Sachlichkeit gegeben. Steiner betont immer wieder, dass die geistige Welt ebenso sehr faktische Realität ist wie die Welt der Sinne. Die Schrift scheint hier die Bestätigung zu liefern.

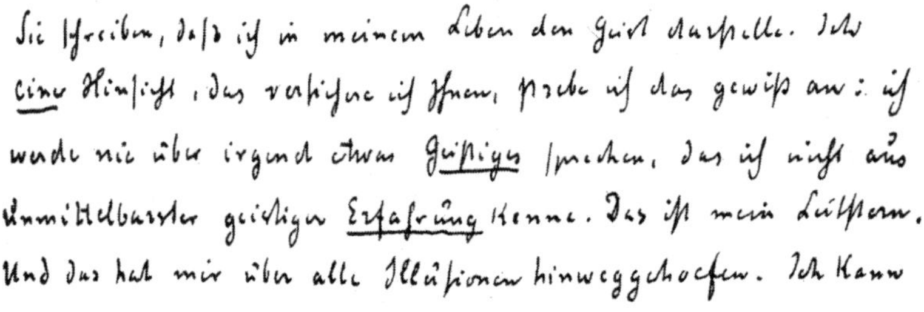
Sie schreiben, daß ich in meinem Leben den Geist darstelle. In
einer Hinsicht, das versichere ich Ihnen, strebe ich das gewiß an: ich
werde nie über irgend etwas Geistiges sprechen, das ich nicht aus
unmittelbarster geistiger Erfahrung kenne. Das ist mein Leitstern.
Und das hat mir über alle Illusionen hinweggeholfen. Ich kann

*Abbildung 78: Schriftprobe Rudolf Steiner,*
*Brief aus dem Jahr 1903*

## Paris Hilton

enge »Druckschrift«

Es gibt unterschiedliche Gründe dafür, dass ein Schreiber gänzlich unverbunden und in Druckschrift schreibt, also sich bewusst von der erlernten und in der Regel später persönlich ausgestalteten Handschrift abwendet. Gelegentlich geschieht dies, um die Leserlichkeit der eigenen Schrift zu ermöglichen. Eine Reduktion der Schriftelemente, wie sie hier vorliegt, könnte natürlich auch als Hinweis auf einen bewussten Verzicht an persönlicher Profilierung verstanden werden. Dann wäre eine natürlich positiv zu wertende Selbstbescheidung gegeben, wie denn umgekehrt die übermäßige Anreicherung der Schrift mit »persönlichen« Merkmalen oft genug Manie oder Dünkel anzeigt. In jedem Fall muss die Deutung hier auf der Hut sein. Das Resultat kann ein aus Bescheidenheit geborener Verzicht auf die Darstellung der eigenen Person sein. Es kann aber ebenso gut entstanden sein aus der Angst, Identität zu entwickeln und diese auch zu zeigen. In diesem Falle läge eine Maskierung vor, die gar mit einer echten Regression verbunden sein könnte.

Paris Hilton, sogenanntes Partygirl, Schauspielerin, Fotomodell, Designerin, Sängerin etc. schreibt hier aus dem Gefängnis, wo sie wegen unerlaubten Fahrens ohne Führerschein für einige Wochen einsitzen muss. Was sofort ins Auge fällt, ist die Diskrepanz zwischen

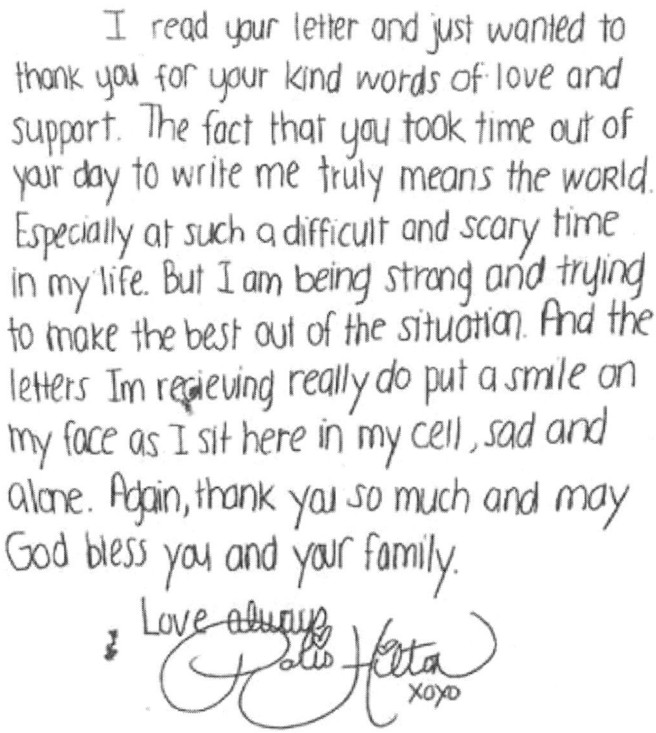

I read your letter and just wanted to thank you for your kind words of love and support. The fact that you took time out of your day to write me truly means the world. Especially at such a difficult and scary time in my life. But I am being strong and trying to make the best out of the situation. And the letters Im recieving really do put a smile on my face as I sit here in my cell, sad and alone. Again, thank you so much and may God bless you and your family.

Love always
Paris Hilton
xoxo

*Abbildung 79: Schriftprobe Paris Hilton*

Text und Unterschrift. Sie könnte größer kaum sein. Die Unterschrift jedenfalls entspricht eher den landläufigen Vorstellungen der etwas exaltierten Selbstdarstellung einer als lebenslustig geltenden VIP. Wir haben es also mit einer grundlegenden Unvereinbarkeit von »öffentlicher Person« (Unterschrift) und »Privatperson« (fortlaufender Text) zu tun.

Ein Schütze-AC, eine Sonne im Wassermann und ein Löwemond – eine Person also, die es nicht nötig hat, Belehrungen hinsichtlich der eigenen Lebensführung entgegenzunehmen oder gar nach den Vorstellungen anderer zu leben. Eine millionenschwere Erbin, die mit ihrem starken zweiten Haus im Wassermann ungeniert die Juwelen glitzern lassen kann. Doch das Bild ist (natürlich) komplexer, und der Astrologe, der die Chance hätte, mit der Hilton-Erbin in ein Gespräch über ihre Geburtsanlagen zu kommen, würde den AC-Regenten Jupiter in Konjunktion mit Saturn im zehnten Haus anzusprechen haben (nicht irgendeine Konjunktion, sondern die Dreifachkonjunktion der »Chronokatoren«, die den Elementenwechsel des wandernden Trigons von Jupiter und Saturn vollzog und damit eine neue Epoche einleitete). Er würde versuchen, ohne die üblichen Vorhaltungen bemühen zu wollen, sinnvolle Orientierungen jenseits der Welt des Glamours ins Bewusstsein zu bringen. Stünde dem Astrologen zudem die vorliegende Schriftprobe zur Verfügung und wäre er mit den Grundlagen der grafologischen Deutung bekannt, würde er zudem in behutsamer Weise die Tatsache anzusprechen haben, dass in diesem Fall offenbar von schwerwiegenden Entwicklungsverzögerungen oder gar echten Retardierungen zu sprechen ist.

Unverbundenheit einer Schrift wird gemeinhin mit Intuition in Verbindung gebracht. Es leuchtet aber unmittelbar ein, dass bei einer konsequent eingehaltenen »Druckschrift« diese Deutung wenig hilfreich ist. Ebensowenig kann es hier angehen, vorschnell von einer innerlich nicht gefestigten oder gar »haltlosen« Person zu sprechen. Eher schon wird man gelten lassen können, dass der unverbunden Schreibende einem weniger steten seelischen Erleben folgt, dem kontinuierlichen Denken und Empfinden ein bewegliches, aber auch sprunghaftes entgegenstellt. Wie an anderer Stelle erwähnt (siehe die Schriften von H. Himmler, S. Weil und S. Plath), neigt die

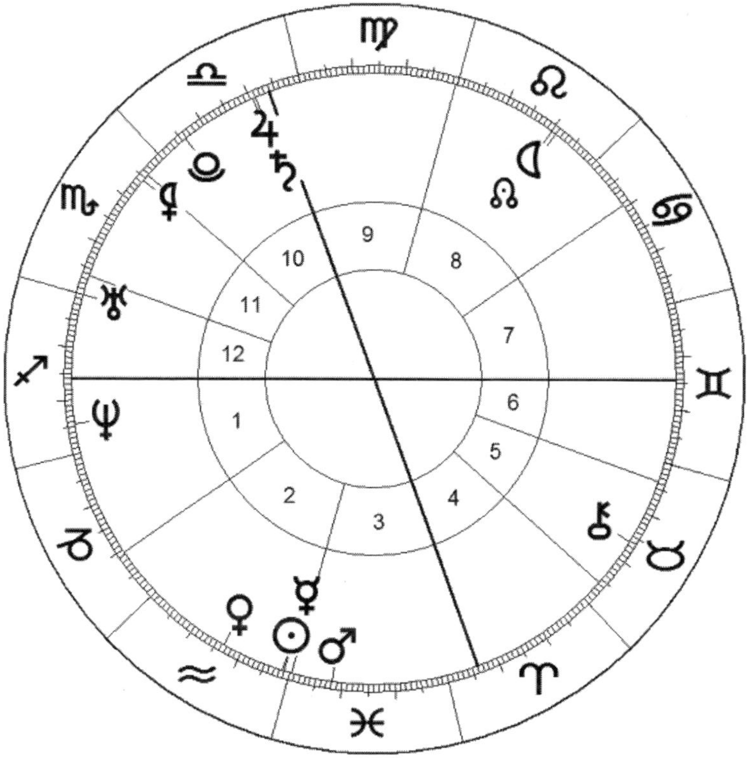


*Abbildung 80: Paris Hilton 17.2.1981, 2:30 h EST, New York NY. USA*

Wassermannsignatur meist eher zu Uniformität, also zur Einhaltung der Schriftnorm, als zur Exzentrik. Hier gibt der Vergleich der Positionen von Saturn und Uranus im Geburtsbild weiteren Aufschluss.

Problematisch erscheint hier mit Blick auf das Geburtsbild, dass diese Unverbundenheit einhergeht mit einem Schütze-AC. Das Bewegungsbild des Schützen neigt eher zur Verbundenheit, da nur dann das von ihm favorisierte freie Ausschwingen der Linie möglich ist. Zwar setzt sich im Schriftausdruck meist eher das Sonnenzeichen durch, doch ein nahezu gänzliches Verschwinden des ACs im Schriftbild stimmt bedenklich. Bemerkenswerter als die

Unverbundenheit an sich ist, dass sie Hand in Hand geht mit einer ungewöhnlichen Enge in den Wörtern, etwa im Wort »again«. (Wortabstand und Zeilenabstand entsprechen eher der Norm). Hier und da könnte man gar von Verquetschungen sprechen. Es dominieren Stauungen, und es fehlt der Impuls zur Vorwärtsbewegung – wieder ist das Schützethema unterdrückt. Die enge Schrift deckt Hemmungen auf, hinter denen meist fehlende Spontaneität steht, auch Zaghaftigkeit und Mutlosigkeit und Misstrauen. Die Verengung kann ein erhöhtes Maß an geistig-seelischer Spannkraft bedeuten. Davon kann hier nicht die Rede sein. Man könnte hier auf Einzelmerkmale hinweisen: z.B. auf die Zeilenführung oder die zum Teil schwankende Schriftlage. Die Schrift ist aber nicht gänzlich starr, doch bezieht sie ihre unterdrückte Lebendigkeit eher aus Instabilität als aus dem Bewegungsbild oder dem Formbild.

Der Geburtsherrscher in Konjunktion mit Saturn im zehnten Haus in der Waage ermöglicht die Erlangung von öffentlich wahrgenommener Bedeutung. Die Rückbindung an das zweite Haus (Rezeption mit dem zehnten) allerdings schafft eine Koppelung des überpersönlichen »Auftrags« an den Eigenwert, an den eigenen Besitz. Mars in Haus drei sucht die Entfaltung der Energien im konkreten Umfeld, auch im Rahmen der oft flüchtigen Kontakte und unsteten Aufenthalte. Hier sind offenbar Zwänge am Werk, die auf Wiederholungsmuster drängen (Mars im Spiegelpunkt Plutos). Die persönlichen Belange des ersten Quadranten stellen sich dem Auftrag der Anlage entgegen, oder besser werden diesem nicht gerecht. Die Geborene befindet sich zudem ständig „auf dem Sprung“ (Sonne/Merkur im Quadrat zu Uranus), ihr Verhalten droht im funktionalen Leerlauf zu enden. Die Schreiberin versucht unbewusst, diesen Widerspruch durch den Aufbau einer stabilen »Form« zu umgehen oder zu verdrängen.

Die Verpflichtung auf die gänzlich unverbundene Schrift muss keineswegs der Ausbildung einer individuell geformten Schrift im Wege stehen. Davon aber kann hier keine Rede sein: Das Bewegungsbild wirkt gepresst, versperrt, zuweilen gar verkrampft. Ein freier, aufgeschlossener Horizont, den die Kombination von Schütze und Wassermann ergeben sollte, wird nicht sichtbar. Wir haben also eine ungewöhnlich große Differenz von Schriftbild und Geburtsbild vor uns. Deutlich gesagt: Hier ist das Wesentliche der Anlage verfehlt. Ein Rückfall oder ein Ausweichen in die Druckschrift findet sich des Öfteren in den Schriften Heranwachsender, vor allem bei jungen Mädchen. Darin kommt selten Pathologisches zum Vorschein, meist handelt es sich um eine Art Schutzverhalten gegenüber der als zudringlich empfundenen Umwelt. Oft wird die neuerworbene Schrift dann lebenslang beibehalten, vermag aber dennoch eigene Formen auszubilden und zudem rhythmisch zu erscheinen.

Die Deutung von Schriften Jugendlicher hat sich den steten Wandel vor Augen zu halten, dem die Schrift in den Jahren der Adoleszenz unterworfen ist. Oft findet sich, meist bei Mädchen, ausgeprägte Linksschrägheit in Verbindung mit linksläufigen Elementen. Zunehmend häufiger begegnet man bei Heranwachsenden einem höheren Maß an Schriftunverbundenheit. Lehrer, die seit Jahrzehnten im Dienst sind, werden bestätigen, dass dieses Phänomen heute deutlich verstärkt auftritt. Eine plausibel klingende Erklärung besagt, dass Linksschrägheit kombiniert mit Unverbundenheit Ausdruck einer natürlichen Schutzreaktion ist, welche der oder die Heranwachsende dem allzu mächtig gewordenen Zustrom an Informationsreizen (speziell visueller Art) entgegenstellt. Meist findet sich zudem die Arkade, damit die Abgrenzung noch verstärkend. Auch Einrollungen verbunden mit Linksläufigkeit bestätigen vielfach den erwähnten Eindruck. Finden sich außerdem Stauchungen, wie sie sich z.B. in der Schrift von Paris Hilton zeigen, so zeigen sich klare Hinweise auf Gehemmtheit und Misstrauen. Problematisch wird das Bild vor allem dann, wenn sich zudem Anzeichen für Ängste und ein Übermaß an Durchsetzungsschwäche ergeben (Strichführung, Druckschwankungen und -verlagerungen ...). Meist aber treten die genannten Merkmale spätestens mit dem Beginn des dritten Lebensjahrzehntes zurück.

Man hüte sich also bei der Betrachtung von Handschriften Adoleszenter unbedingt vor übereilten Diagnosen. Dennoch lohnt es sich, wenn sich Pädagogen (aber auch Eltern) Grundkenntnisse der Handschriftendeutung aneignen. Oft bewertet ein Lehrer die ihm vorliegende Schrift ausschließlich nach dem Kriterium der Lesbarkeit, gewiss ein gerade für ihn legitimer Maßstab. Eine solch einseitige Perspektive kann den Blick nur einengen.

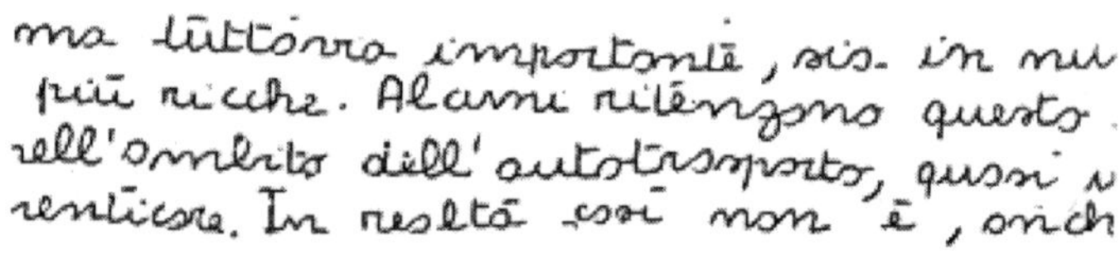

*Abbildung 81: Schriftprobe 13-jähriges Mädchen*

Lassen wir es bei einem Beispiel bewenden. An Lesbarkeit lässt diese Schrift einer Dreizehnjährigen nicht viel zu wünschen übrig. Das Problem hier ist die übermäßige Versteifung des Schriftablaufs. Die Schrift stockt, sie ist überstark kontrolliert, es fehlt an jugendlicher Natürlichkeit. Man achte auf die quadratisch zugeschnittenen Buchstaben (das Quadrat – eine Signatur Saturns)! Es fehlt an Flexibilität, manche Buchstaben wirken wie in den Schriftraum »hineingestempelt« (Näheres zu den Schriften Heranwachsender findet sich bei P. Cristofanelli/S. Lena).

Abschließend ein Beispiel dafür, dass auch die Einhaltung der normierten Druckschrift einer persönlich ansprechenden Handschrift nicht im Wege stehen muss. Auch hier haben wir es mit einer »Druckschrift« zu tun. Der Schreiber, ein Ingenieur, hatte sie sich berufsbedingt angeeignet (das Unternehmen, für das er arbeitete, verlangte diese Schrift von allen Beschäftigten, um die generelle Lesbarkeit sicherzustellen). Man sieht auf den ersten Blick eine ganz andere Art der Formgebung.

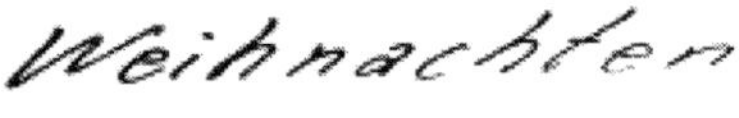


*Abbildung 82: Druckschrift*

(Zum Thema der »Druckschrift« siehe auch die entsprechenden Anmerkungen im Anhang II.)

# Anhang I: Astrologische Methoden

Zu den Geburtszeiten:

Die Angaben sind gegeben in Ortszeit. Sofern es sich um Prominente handelt: Es wurden nur Horoskope verwendet, die als gesichert gelten (Geburtsurkunde, gesicherte Quellenangabe, in wenigen Fällen wurde die Rektifizierung der astrologischen Literatur entnommen).

## Septare

Im deutschsprachigen Raum sind die Septare weitgehend auch denen bekannt, die sich nicht im engeren Sinne zur Münchner Rhythmenlehre Wolfgang Döbereiners rechnen. Sie gehören inzwischen zum Kernbestand des astrologischen Instrumentariums. Hier in Kürze eine Erläuterung: Die Septare beruhen auf dem Prinzip der rhythmischen Vergrößerung. Es handelt sich um Siebenjahreshoroskope, Sie wurden von W. Döbereiner in den Fünfzigerjahren entdeckt und beschrieben. Die Septare sind vergrößerte Solare. Dabei gilt, dass das Solar auf den ersten Geburtstag als zweites (!) Septar betrachtet wird und als solches die Zeit vom siebten bis vierzehnten Lebensjahr wiedergibt. Das dritte Septar (14–21) wird berechnet auf den zweiten Geburtstag etc. Beispiel: Ist jemand am 3.6.1978 geboren, so befindet er oder sie sich im Jahr 2010 im fünften Jahrsiebt, also im Wirkungsraum des fünften Septars (28–35). Dieses Septar ist das für den vierten (!) Geburtstag berechnete Solarhoroskop, also das Solar auf den Geburtstag im Jahr 1982.

Die Septare geben nicht allein ein Jahrsiebt wieder. Sie stellen zudem eine Vergrößerung der einzelnen Häuser der Radix dar, und zwar dergestalt, dass das erste Haus dem ersten Septar entspricht, das zweite dem zweiten etc. So erlaubt z.B. das siebte Septar weitergehende Aussagen über die spezifischen Begegnungsmöglichkeiten und -formen des Geborenen.

## Progressive Neumonde

Sie stellen einen Sonderfall der Sekundärprogressionen dar. Es handelt sich um die Berechnung der exakten Neumondzeiten auf den Geburtsort des Geborenen. Findet z.B. der erste nachgeburtliche Neumond zehn Tage nach der Geburt statt, so setzt dessen sekundärprogressive Wirkung ca. zehn Jahre nach der Geburt ein. Der dann folgende Neumond, etwa 28–29 Jahre später, wird dann mit ca. 38 bzw. 39 Jahren wirksam. Auch die Vollmonde und die Halbmonde können auf diese Weise untersucht werden. Diese progressiven Mondphasen sind überpersönlicher Natur, sie stellen die Rahmenbedingungen dar, innerhalb derer sich die individuellen Anlagen ausprägen können. Insbesondere bei unbekannter oder ungewisser Geburtszeit geben die progressiven Mondphasen eine gute Deutungshilfe an die Hand.

# Anhang II: Ausgangsschriften

Insbesondere bei älteren Schriften empfiehlt sich die Kenntnis der jeweiligen Schulnormvorlagen. Wir beschränken uns hier auf die Wiedergabe der »deutschen Schrift« und auf die danach gelehrte Norm.

Die »deutsche Schrift« wird auch Kurrentschrift genannt. Sie wurde bis 1941 gelehrt, dann wegen angeblich »jüdischer« Prägung abgeschafft.

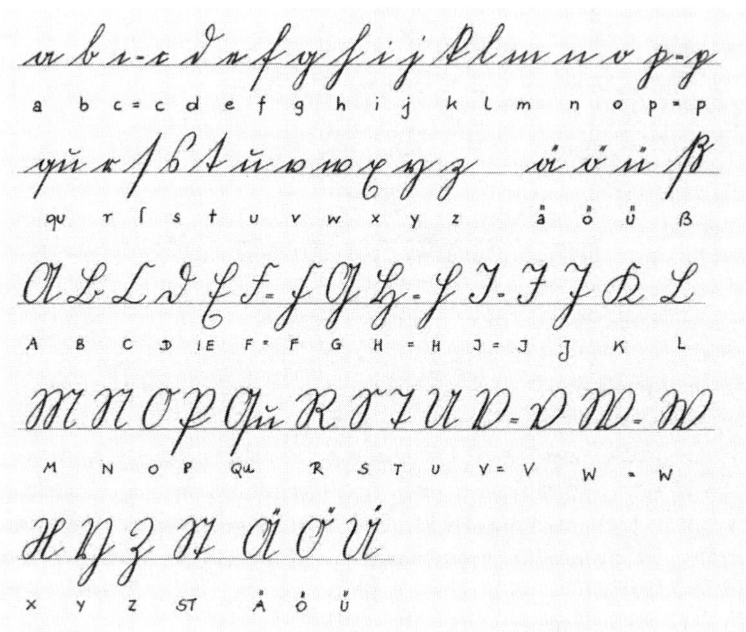

Die seit den Siebzigern gelehrte Lateinische Ausgangsschrift hat die Formen der Schrift deutlich reduziert.

Lateinische Ausgangsschrift

Es ist interessant – und spiegelt sich in vielen Handschriften der nach (ca.) 1965 Geborenen –, dass die vereinfachte Ausgangsschrift im Gegensatz zur bis dahin gelehrten lateinischen Ausgangsschrift wieder stärker den Winkel mit einbezieht, zudem in den Majuskeln (Großbuchstaben) eine Rückkehr zu den lateinischen Formen anstrebt. Letzteres dürfte die heute zu beobachtende Zunahme der unverbundenen »Druckschrift« gefördert haben – was sicherlich nicht in der Absicht der Initiatoren dieser Schrift lag.

Vereinfachte Ausgangsschrift

A B C D E F G H I J K L

M N O P Q R S T U V W

X Y Z Ä Ö Ü

a b c d e f g h i j k l m

n o p q r s s t u v w x y z

ä ö ü ß ß

Qu qu St st tz sch

# Literatur


Walter Biemel: Martin Heidegger. Reinbek/Hamburg 1973

Curt Brenger: Graphologie. München 1973

Claudia Caspers: »Friedrich Nietzsche im Spiegel seiner Handschrift«. In: Zeitschrift für Schriftpsychologie und Schriftvergleichung. 4/04, S. 235–250

Anne Cobbaert: Graphologie. Genf 1973

Pacifico Cristofanelli & Silvio Lena: Die Handschrift im Entwicklungsalter. Grafisches Erleben und psychologische Deutung. Herbolzheim 2008

Eva Dietrich: Schicksal und Lebenserfolg in Sternbild und Schrift. Bern 1978

Heinz Dirks: Die Handschrift – Schlüssel zur Persönlichkeit. Gütersloh 1974

Egon Friedell: Kulturgeschichte der Neuzeit. 2 Bde., München 1976

Liz Greene: Neptun - Die Sehnsucht nach Erlösung. Tübingen 2015

Carl Gross: Vitalität und Handschrift. Bonn 1950

Robert Heiss: Die Deutung der Handschrift. 3. Aufl. Hamburg 1966

Armin Hermann: Lexikon der Geschichte der Physik. Köln 1978

Charlotte Jäger und Richard Harder: Was sagt uns die Handschrift? Freiburg 1984

Angelica Kaufmann: Simone Weil. Reinbek/Hamburg 1970

Ludwig Klages: Graphologisches Lesebuch. Hundert Gutachten aus der Praxis. 2. Aufl. Leipzig 1933

Ders.: Handschrift und Charakter. Leipzig 1941 (Nachdruck Bonn 2008)

Hans Knobloch: Graphologie. Lehrbuch der Handschriftenanalyse. Herrsching 1983

Ders.: Graphologie. Exemplarische Einführung. 2. Aufl., München 1990

Alfons Lüke: Das grosse Handbuch der Graphologie. Kreuzlingen 1991

Wolfgang Martynkewicz: »Ludwig Klages und Sigmund Freud. Ein Seitenstück zur ›Jung-Krise‹«. In: Literaturkritik, 1. Januar 2006

J. H. Michon: »Ludwig XI., Ludwig XIV., Bismarck«. In: Graphologische Monatshefte. X. Jahrgang. München 1906, S. 66–68

Jochen Meyer (Hrsg.): Dichterhandschriften. Von Martin Luther bis Sarah Kirsch. Stuttgart 1999

Alice Miller: Der gemiedene Schlüssel. Frankfurt 1996, S. 19

Helmut Ploog: Grundkurs Graphologie. 10 Bde., München 1983

Helmut Ploog: Handschriften deuten. Die Persönlichkeit im Spiegel der Schrift. München 1998

Helmut Ploog: Interview Zeitschrift Bio, 2008

R. Pokorny: Psychologie der Handschrift. München 1973, S. 16

Rudolf Pophal: Grundlegung der bewegungsphysiologischen Graphologie. Leipzig 1939

Max Pulver: Symbolik der Handschrift. Zürich 1931

Thomas Ring: Astrologische Menschenkunde. Bd. II, Tübingen 2003

Ingeborg Rudolph: Das Selbstwertgefühl und sein Ausdruck in der Handschrift. Vortrag vom 28.12.1994 und 7.10.1995 in München

Claude Santoy: Praxis der Graphologie: Handschriften erkennen und deuten. Braunschweig 1990

Hans-Ulrich Thamer: Verführung und Gewalt. Deutschland 1933–1945. Gütersloh 1986

www.graphologie-online.com

# Index

# Autor

Klaus Wessel (1951) studierte Anglistik, Geschichte und Kunstgeschichte in Münster und Freiburg. Lehramtstätigkeit in der Erwachsenenbildung. Grundausbildung in Graphologie bei Dr. Hermann Ploog. Seit 1980 intensive Beschäftigung mit der Astrologie. Besondere Interessen gelten dabei der Mundanastrologie und der Astrogeographie. Von ihm sind bisher die Bücher *Tertiärprogressionen – Prognose mit den Mondrhythmen (2003)*, *Spiegelpunkte im Horoskop – Die Integration des Schattens (2004)* sowie *Das Oktilogramm – Jahresthemen und Epochenhoroskope (2013)*.

Kontakt: k.Wessel@gmx.de

*Standardwerke der Astrologie*

ROLAND JAKUBOWITZ

## Astrologie in der Erziehung

*Werde der, der Du bist. Oder: Finde im jetzigen Leben wieder die innere Balance*

*186 Seiten, Hardcover*
*ISBN 978-3-89997-224-5*

»Welchen Einfluss hat die Erziehung auf das Horoskop?« In diesem Buch wird diese oft gestellte Frage beantwortet. Mütter und Väter finden die Erklärung, warum ihre Kinder bei gleicher Erziehung so verschieden sind. Doch das ist noch nicht alles Dieses Buch richtet sich auch an Sie als Erwachsener. Im Horoskop steht die Geschichte, die wir in dieses Leben mitbringen. Der Autor betrachtet das Horoskop entwicklungspsychologisch und erläutert die Entwicklungsschritte anhand der zwölf Planetenprinzipien. Ausführlich zeigt er jeweils die ungünstigen Folgen einer Unterdrückung bzw. die positiven Auswirkungen bei der Entfaltung der Anlagen. Neben zahlreichen erläuternden Beispielen aus dem Alltag erhalten Sie vor allem die Gelegenheit, unbewusst übernommene Normen und Regeln zu überprüfen und zu hinterfragen. Zum Beispiel ob Ihre Ansichten und Meinungen oder Ihr Verhalten auch tatsächlich Ihrer Charakteranlage entsprechen. Dieses Buch ist der Wegweiser, wenn Sie für Ihre Selbstverwirklichung den Entschluss fassen: »Werde der, der Du bist!«

*Es ist ein wertvoller »Erziehungsbegleiter« geworden. Der Autor geht auf pränatale Prägungen sowie defizitäre und destruktive Auswirkungen einer ungünstigen Erziehung ein und erläutert die psychosomatischen Auswirkungen bei einer unentwickelten Anlage... Ein Buch, das nicht nur Astrologen interessieren dürfte, sondern alle, die Kinder auf ihrem Entwicklungsweg begleiten wollen.*

*Astrologie Heute*

CHIRON VERLAG

*Standardwerke der Astrologie*

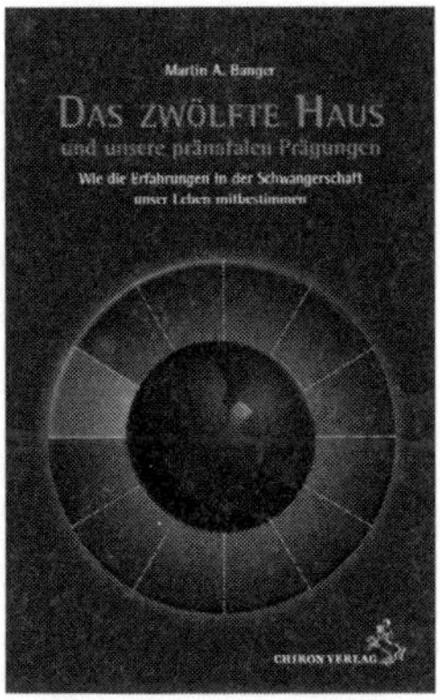


MARTIN A. BANGER

## Das zwölfte Haus und unsere pränatalen Prägungen

*Wie die Erfahrungen in der Schwangerschaft unser Leben mitbestimmen*

*161 Seiten, Hardcover, 67 Abbildungen*
*ISBN 978-3-89997-246-7*

Die Astrologie betrachtet den Geburtsmoment als Grundimpuls, aus dem sich das spätere Schicksal entfaltet. Doch was ist mit Ereignissen, die sich vor unserer Geburt abgespielt haben und unser Leben prägen? Wenn pränatale Faktoren tatsächlich eine Rolle in unserem Leben spielen, müssen sich diese im Horoskop abzeichnen. Da das Horoskop praktisch mit der Geburt entsteht, stellt sich die Frage: Wo können vorgeburtliche Prägungen dort zu finden sein? Der Bereich vor dem Aszendenten, dem Punkt der Geburt, steht in erster Linie für die pränatale Zeit. An über 60 Fallbeispielen wird gezeigt wie die Schwangerschaft „gefärbt" war. Ob Lebenskrise der Mutter, Abtreibungsversuch oder Wunschkind – das zwölfte Haus spiegelt unsere Geschichte von der Zeugung bis zur Geburt. Der Autor zeigt auf, welche Horoskopfaktoren auf vorgeburtliche Traumata weisen, welche astrologischen Auslöser diese Themen reaktivieren können und welche Möglichkeiten bestehen, die damit verbundenen Konflikte aufzulösen.

*Martin A. Banger gibt zudem viele wertvolle Hinweise, wie die Astrologie Hilfestellung bei traumatischen Erfahrungen durch eine vorgeburtliche Prägung leisten kann. Alles in allem ein wichtiges Fachbuch, das ich gerne allen beratenden Kollegen und Kolleginnen empfehlen möchte.*

*Meridian 2-2017*

CHIRON VERLAG

*Standardwerke der Astrologie*

DARBY COSTELLO

## Der Astrologische Mond

*217 Seiten, Paperback, 5 Abbildungen*
*ISBN 978-3-89997-237-5*

Der Mond beschreibt die Pforte, durch die wir in das Leben treten Darby Costello erklärt, wie der Mond zur Entfaltung des Gefühlslebens beiträgt. Eine wichtige Rolle spielt dabei das Verhältnis zur eigenen Mutter. Im ersten Teil des Buches erläutert sie die Beziehung des Mondes zur Geburtssonne und seine Stellung in den Zeichen und Häusern. Der Mond gestaltet unser Leben außerdem durch zahlreiche Zyklen, die im zweiten Teil dargestellt werden. Hierbei liegt der Schwerpunkt auf dem progressiven Mond, der aufzeigt, wie sich unser Seelenleben entwickelt. Neben den Mondphasen besteht zudem eine Verflechtung mit dem Saturnzyklus. Die Schnittpunkte beider Zyklen markieren Krisen oder Veränderungen. Diese Überschneidungen führen Vergangenheit und Zukunft zusammen und bewirken eine Öffnung für neue Erfahrungen im Leben.

*So viel Input über das Thema Mond schafft einen erweiterten Blick auf dessen Position im eigenen Horoskop. Das Buch eignet sich für alle, die sich mit dem Mond-Thema intensiver beschäftigen möchten.*
*Astrologie Heute Nr. 181*

*Standardwerke der Astrologie*

THOMAS KÜNNE/
MICHAEL MEMMINGER

## Schwingender Tierkreis

*Mit Planetenschwingungen innere Klarheit finden*

*192 Seiten, Hardcover*
*ISBN 978-3-89997-239-9*

Alle 78 Schwingungs-Bilder stehen in direktem Bezug zu den Archetypen des Tierkreises. Die Wasserklangbilder mit ihren „Licht-und Schattenseiten" der jeweiligen Planetenkonstellationen helfen Ihnen dabei, alle Ihre Anteile zu integrieren, auch die „dunklen". Nennen wir es Seelenhygiene, Bewusstseins- oder Schattenarbeit. So erkennen wir uns selbst immer besser, können Frieden mit uns schließen und brauchen nicht (mehr) unsere eigenen Dämonen im Außen zu bekämpfen. Wir können mit unserem inneren Lern- und Heilungsprozess reagieren. Geben und Nehmen des Resonanzprinzips sind im Einklang.
Das Buch enthält zu jedem Wasserklangbild einen einfühlsamen Text mit der Schwingungsqualität. Ein ausführlicher Leitfaden zeigt Ihnen die verschiedenen Möglichkeiten der Anwendung. So wird diese Buch zu einer wahren Schatzkammer, denn es zeigt Ihnen im Außen ein Bild, mit dem Sie bewusst in Resonanz gehen können, um Klarheit über Ihr Inneres zu erlangen

CHIRON VERLAG